HACK *ton corps*

ELODIE T

HACK ton corps

Mon but dans la vie ... c'est de la réussir

MARABOUT

SOMMAIRE

INTRODUCTION

Salut à toi, ô lecteur ! Salut à toi, ô cher hackeur !

Si tu es en train de lire ce livre, c'est probablement parce que tu ressens l'appel du pirate. Inlassablement, tu cherches la Terre promise et les ressources qui te permettront de te sentir mieux ? Ton corps te gêne ? Tu ne le comprends pas ? Il ne te plaît pas ? Tu le vis comme une partie de toi qui t'est étrangère, que tu subis? Tu aimerais pouvoir en connecter les ressources et les possibles ? Eh bien, cher pirate, bienvenue à toi ! Tu es au bon endroit.

Le hacking que je te propose est une voie d'apprentissage. Loin de l'archétype du hackeur agressif et combattant, notre hackeur est celui qui, animé d'une conscience éveillée, s'attache avant tout à comprendre le système dans lequel il évolue. Il en apprend le langage et le code pour en exploiter les ressources avec justesse et bienveillance. Il est un chercheur et un cocréateur.

Je suis Élodie T., thérapeute-énergéticienne. J'ai affronté de nombreux écueils au fil de mon parcours et je suis parfois tombée dans l'abîme. C'est en cherchant à guérir que j'ai acquis les outils que je te transmets aujourd'hui. Je ne détiens aucune vérité universelle, seulement celles que j'ai découvertes en chemin. Devenir la meilleure version de soi revient à se réapproprier la connaissance et à utiliser ses ressources dans la voie du mieux-être. Avec bienveillance, je vais te guider vers l'acceptation et l'intégration de chaque parcelle de toi-même pour que tu t'autorises enfin à leur accorder l'espace nécessaire à leur déploiement. Il n'existe aucune solution qui te soit extérieure, aucune baguette magique ; tout est déjà présent en toi et ne demande qu'à être révélé. Il te faut simplement apprendre, comprendre et aimer. Ta force ne se trouve nulle part ailleurs que dans tes mains fébriles, ton esprit curieux et ton cœur agité. Alors nous allons, au fil de ces pages, assurer ces mains, rassasier cet esprit et ouvrir ce cœur, car c'est bien dans l'alignement de cette trinité que réside ton pouvoir, lequel n'a d'autres limites que ton imagination.

Es-tu prêt ?

Voici ta feuille de route.

★ **Engage-toi !** Non pas envers moi, mais envers toi-même. Ceci n'est pas un programme miracle, tu entreprends un chemin intérieur qui nécessite que tu t'impliques profondément et sincèrement. Le magicien, c'est toi !

★ **Apprends !** « Connais-toi toi-même » est la première clé ; tu ne peux pas faire évoluer un état que tu ne comprends pas. La connaissance rend libre, elle te permettra de reprendre possession de ton pouvoir personnel et de devenir de nouveau acteur et cocréateur de ton espace intérieur comme de ta vie.

★ **Donne-toi le temps !** Ne te demande pas quel délai sera nécessaire à l'accomplissement de ce cheminement, seul compte précisément ton espace-temps intérieur.

★ **Agis !** L'expérience étant indispensable à l'apprentissage, tu vas devoir mettre à l'épreuve la théorie en faisant preuve d'initiative si tu souhaites découvrir ta propre vérité. Toi seul es en mesure de savoir ce qui est bon et juste dans ton cas. Je t'invite donc à mettre en œuvre, principalement en t'observant, l'ensemble des pratiques que je te proposerai, car l'observation est le socle de toute initiation et de toute compréhension. En plus de ton costume de hackeur, tu peux te préparer à enfiler l'imperméable de Columbo !

★ **Sois honnête !** Il s'agit là d'un chemin de développement personnel. Si les troubles qui t'affectent sont profonds ou qu'aucun progrès ne se dessine, je t'invite à te tourner vers les professionnels qui sauront t'accompagner. Ce cheminement ne dispense en aucun cas d'un suivi, les deux approches sont au contraire complémentaires.

HACK

Devenir hackeur de ton corps

Lorsque nous évoquons le hackeur, nous avons tendance à imaginer un individu sombre, amer et menaçant, confiné dans l'obscurité de son environnement et de son cœur, tapotant rageusement sur le clavier de son ordinateur dans le but, déclaré ou non, de détruire un système qu'il déteste, qu'il estime injuste ou oppressant. Un justicier de l'ombre agissant seul, motivé par le désir de nuire, de tout faire exploser pour repartir de zéro, de réinitialiser un monde dont il se sent exclu ou dont lui-même s'exclut. Le hackeur nous fait peur, il parle un langage qui nous est étranger et mène des actions ressenties comme agressives, qui nous effraient. Ce n'est pas un archétype auquel nous avons envie de nous identifier. Mais le hackeur, c'est aussi Neo (dans le film *Matrix*), un homme qui s'efforce par-dessus tout de comprendre un monde dans lequel il ne se retrouve pas. Celui qui sent intuitivement qu'il y a autre chose, quelque part, et qui, guidé par son cœur, au rythme de ses tourments intérieurs, n'a de cesse de découvrir ce qui lui permettrait de s'affranchir et de donner du sens, de se libérer…
Tu commences à te reconnaître ?

De ce point de vue, devenir un hackeur, c'est donc chercher et apprendre. Ce qui fera de toi un hackeur bienheureux, c'est la conscience que tu mettras dans tes actions, l'intention qui les motivera et ta capacité d'apprentissage.

CŒUR DE HACKEUR :
ton intention

Lorsque tu entreprends un travail de développement personnel, tu dois être pleinement conscient de ce qui motive tes actes, car c'est l'intention qui les sous-tend qui en déterminera le résultat.

L'intention, c'est le mouvement de l'âme par lequel on tend à une fin. Elle est l'origine de l'action, sa charge énergétique. Il arrive qu'on entreprenne dans des intentions qui relèvent d'une incohérence entre ce que l'on veut réellement et ce que l'on fait. Cette incohérence se retrouve alors nécessairement dans le résultat de notre entreprise. Quand tu t'engages dans une action, tu dois viser la concordance entre le physique, l'émotionnel et le mental. La justesse de l'intention, c'est l'alignement de cette trinité, autrement dit l'honnêteté envers toi-même. Par exemple, chercher à hacker ton corps afin de correspondre à une image que l'on t'a imposée comme étant la seule valide ne t'apportera que de la frustration, car tu oublies d'écouter ton corps, de prendre en compte ce que ses défauts représentent et ce qu'ils expriment de toi, qui a besoin d'être entendu.

La question première est donc de définir ce qui motive ton action. Or ce type de question dérange, car elle te touche au cœur. Pourtant, pour que ton intention soit juste, elle doit provenir du cœur, il est le guide et le métronome, le plus puissant outil dont tu disposes, un indicateur infaillible si tant est que tu l'écoutes. Ainsi, le point de départ dans la voie du hacking corporel sera bien ce qui se niche dans ton cœur.

Le dialogue intérieur est souvent le meilleur moyen d'y accéder. Il pourrait se dérouler de la sorte :

— Pourquoi veux-tu hacker ton corps ?
— Parce que je le trouve laid.

— Pourquoi est-ce que tu le trouves laid ?
— Parce qu'il est plein de défauts.

— Qu'est-ce qu'ils représentent pour toi, tous ces défauts ?
— C'est tout ce qui me montre mon imperfection.

— Qu'est-ce que ça représente d'être imparfait ?
— C'est comme si je n'étais pas à la hauteur.

— Qu'est-ce que c'est, pour toi, être à la hauteur ?
— C'est ce qui permet d'être aimable.

Pratique

L'objectif est de clarifier ton intention dans ce chemin que tu empruntes.

Pose-toi au calme, crée un environnement propice à la détente et coupe toute source de distraction. Prends un moment pour te relaxer avec quelques grandes respirations, en allant bien au fond des expirations, puis centre-toi sur ta problématique et questionne doucement ton cœur en écoutant ses réponses et en remontant le fil posément jusqu'à ce que tu sentes que tu y es, que tu touches à un nœud ou à un fondement.

Tu n'as aucune obligation de résultat, écoute ce qui affleure et accueille-le comme de l'information.

N'hésite pas à noter ce qui se passe en toi.

Voilà, ton intention est maintenant claire. Tu peux suivre l'audio pour un guidage de dialogue intérieur.

Next !

Mémo

C'est en toi que tu trouveras les meilleures réponses à tes besoins, tu es ta première et ta meilleure ressource.

Clarifier l'intention du cœur, garantira un résultat cohérent. Chercher à modifier ton apparence sans apprendre à t'aimer inconditionnellement par exemple sera contre-productif. Définir de façon juste et éclairée quel est ton but te permettra donc de maintenir intention et attention en tension vers celui-ci.

LA PRISE DE CONSCIENCE

Pour entreprendre le chemin de connexion à ton corps, il va te falloir en redevenir conscient. Quand as-tu, pour la dernière fois, porté ton attention sur tes orteils ou eu conscience des fesses sur lesquelles tu es assis ? Tu vis avec et dans ton corps ; cependant, tu l'ignores à longueur de temps. Il est ton allié silencieux, travaillant sans relâche, et tu ne t'aperçois même plus de la vie qu'il recouvre ; il va donc être question d'être un peu plus présent à lui comme à toi-même. Cette conscience renouvelée te permettra de sortir de l'état d'auto-hypnose dans lequel tu es plongé la majorité du temps...

Je ne te le cache pas, regarder en face et avec honnêteté le fonctionnement de ton corps peut être vertigineux, car il est incroyablement sophistiqué et merveilleux. En en étant déconnecté, tu es également déconnecté de ta divinité, car oui, cette structure complexe est la plus pure expression du divin en toi et de la conscience universelle inhérente à toute chose.

D'autre part, le corps est le média d'expression de l'être depuis la vie physique jusqu'à la vie psychique, il te parle de toi, de tes méandres. Ce qui s'y exprime n'est pas seulement une mécanique ou une physiologie, ce sont aussi tes émotions et tes pensées. Si tu veux faire la paix avec toi-même, tu dois y être réceptif.

La conscience, c'est le sentiment intérieur que tu éprouves à l'égard d'une chose ; or, ton corps fonctionne de façon autonome, et c'est bien cette précieuse autonomie qui rend sa compréhension si délicate. Il est absolument essentiel que tu n'aies pas à penser aux innombrables réactions qui se produisent à chaque instant dans ton organisme et celui-ci est si bien fait qu'il te soutient sans broncher quoi que tu entreprennes.

Je t'invite donc à t'apercevoir à nouveau de la réalité de ce corps que tu habites et à le percevoir sans jugement, juste dans l'accueil. Tu verras que tu relâcheras probablement la critique que tu lui infliges.

Pratique

L'exercice de la lenteur

Ton corps est une machine splendide et, pourtant, tu n'as pas conscience d'un millième des merveilles qu'il accomplit chaque jour. Pour t'aider à percevoir l'activité de ces milliards de cellules qui te constituent, je te convie à un exercice très simple.

Le matin, après t'être levé, décompose pendant une demi-heure les actes de la vie quotidienne geste par geste, dans la conscience absolue de chaque contraction musculaire, de chaque inspiration, de chaque flexion articulaire. Sois par exemple attentif à tous les mécanismes qui sont à l'œuvre rien que pour saisir ta tasse de café. Franchement, c'est pas magique ?!

LA BIENVEILLANCE

Être bienveillant, c'est être bien éveillé. C'est cet éveil à ton propre corps qui te permettra de commencer à comprendre, puis à agir. Tout chemin d'apprentissage appelle un point de départ ; lorsque les choses sont automatiques ou dans l'inconscient, tu n'as aucune prise dessus. Ce n'est qu'en aiguisant ta conscience de toi-même que tu pourras entreprendre de transformer le système en place en en utilisant les ressources.

La bienveillance exige d'abord le non-jugement. En effet, ton corps est le résultat de ton histoire, il en porte les souvenirs et parfois les stigmates, chacune des habitudes ayant trait à ton hygiène de vie et à ta relation à ton apparence physique est née et s'est développée pour une bonne raison. Quand le corps s'exprime, il le fait par l'intermédiaire de symptômes (« qui vient avec »), impliquant que ces manifestations ont une origine. Celle-ci se loge souvent dans le tréfonds de ta vie mentale ou émotionnelle. T'éveiller à ton corps, c'est donc lui ouvrir la porte comme à un messager de l'être.

Ton corps est ce qu'il est, rien ne sert de le juger, tu ne feras que le limiter en t'éloignant de son potentiel. Accueille-le au contraire avec douceur et bienveillance et laisse-le te guider vers l'équilibre, il est fait pour ça. C'est cela, la bienveillance envers soi-même, c'est sortir de l'autocensure et voir les choses sous l'angle de la gratitude, comme des ressources en puissance des voies de guérison.

Notre cher hackeur, devant son clavier, ne se soucie pas d'évaluer la pertinence du code informatique qu'il envisage de percer, il tente simplement de le comprendre et de l'exploiter au mieux, dans un but qui sera juste pour lui. Éveille-toi à toi-même et à toutes les informations que te transmet ta physiologie.

Te contraindre, c'est te maltraiter ; être dans la bienveillance, c'est apprendre et te guérir.

Pratique

Je t'invite à mesurer à quel point ton corps n'est pas une entité séparée de toi, mais simplement le résultat de tes choix et de tes actions.

Dresse la liste de ce que tu juges négativement chez toi, de ce que tu dénigres, de ce qui te déplaît, et demande-toi avec honnêteté si c'est arrivé tout seul… Ton corps s'est-il réveillé un matin avec dix kilos de trop juste pour le fun ? Non, bien entendu, ce surpoids est la conséquence soit d'une mauvaise hygiène de vie, soit d'un cheminement au long cours, où l'alimentation t'a permis de compenser tes émotions et ta carapace, de te sentir protégé. Ce n'est ni bien ni mal, c'est ce qui est, accueille-le comme tel.

Interroge-toi ensuite sur l'origine des points que tu as énumérés et surtout sur la façon dont ce que tu considères comme des défauts a en réalité participé au maintien de ton équilibre. Dans notre exemple du poids, le stockage des nutriments sous forme d'embonpoint a évité à ton organisme l'asphyxie ou la compensation émotionnelle t'a empêché de péter un plomb.

Fais preuve de sincérité. Ce n'est pas facile, je le sais, mais sois bienveillant envers toi-même ; plus tu te jugeras, plus tu te cliveras. L'endroit où tu es n'est pas le fruit du hasard, tu dois être éveillé à ce qui t'a mené jusque-là pour pouvoir te déplacer.

LA VOIE *du hacking*

Le hacking que je te propose est celui qui puise sa source dans le désir de compréhension, dans la quête de sens. Car c'est bien ce dont souffre notre monde, et probablement ce dont tu souffres, toi aussi : se sentir pris dans un système qui fonctionne sans nous, où nous ne sommes que des automates ayant perdu la conscience de leurs actions, vivant dans la déconnexion à soi la plus complète, bien que connectés en permanence, et ressentant pourtant une impulsion irrépressible de chercher autre chose... Mais où ? Le premier réflexe est de sonder ce qui nous est extérieur ; or, comme Neo, tu apprendras que la force est en toi, qu'il n'existe rien, nulle part, qui ne soit déjà là, tapi dans l'ombre de ta conscience.

C'est cette quête de sens, cette pulsion de vie, qui nous fait nous tourner vers toujours plus de développement personnel et de bien-être, dans l'heureux espoir de trouver des réponses, des solutions à cette incompréhension latente et à ce non-sens de nos existences.

Dès lors que tu commences à te poser ces questions, tu es déjà en situation de hacking, c'est le premier pas sur le chemin qui t'attend, le premier souffle. Grâce à cette conscience que tu aiguises, tu sens au plus profond de toi que quelque chose gît et cherche à émerger.

Cette prise de conscience intuitive, c'est elle qui t'amène à interroger, à te remettre en question et qui affûte ton désir de compréhension.

Il te semble que, lorsque tu auras compris, tu pourras être libre, t'affranchir du système. Et en effet, la liberté réside dans la connaissance. Il n'est aucun chemin qui ne nécessite effort, motivation et apprentissage. Tu as bien raison, depuis la lueur de ta conscience, d'ouvrir la porte à la connaissance et à la liberté.

La notion de hack telle que je te la propose peut être envisagée sous la forme d'un acronyme :

> "H" pour **holistique.**
> "A" pour **apprendre.**
> "C" pour **cocréer.**
> "K" pour **kief** et **kaizen.**

"H" POUR HOLISTIQUE

Le hackeur derrière son écran cherche à pirater un système global. Il ne pourra parvenir à comprendre le code qu'il envisage de déchiffrer qu'en en prenant connaissance dans son ensemble, dans sa version holistique, afin d'être en mesure de concentrer ses efforts à l'endroit juste, en fonction de ce qu'il vise à accomplir. Toutes les lignes de ce programme sont interdépendantes, ce qui implique que chacune des actions qu'il exercera sur celui-ci aura des répercussions sur la totalité du système. De même, en tant que hackeur de toi-même, tu devras te regarder de façon holistique.

Il n'est aucune sphère de ton être qui ne soit dissociée de la voisine. Tu es fait de plus de dix systèmes physiologiques auxquels on peut ajouter les sphères mentale et émotionnelle. Ça fait du monde ! Mais surtout, tout est interconnecté. Tu es un ensemble de systèmes dans un système, et ton corps, qui tend par nature vers un équilibre, en est le plus parfait exemple.

Il est régi par des règles physiologiques et anatomiques essentielles, mais il est aussi un encodeur et un décodeur de l'information. Il est ta réalité tangible, la matérialisation de ton être. En lui, tout prend forme : tes pensées deviennent des neurotransmetteurs ; tes émotions, des signaux chimiques et électriques ; tes croyances, des limites. Il est l'interface par laquelle s'exprime tout ce que tu es, l'expression de l'âme dans la matière.

L'organisme est le support de l'information, qui elle-même est le support de la conscience.

Ton corps est de plus ce qui te maintient en interaction avec le reste du monde, il te permet de percevoir ton environnement et de t'y positionner.

Pour que tu réalises à quel point il est une centrale de traitement de l'information à tous les niveaux, nous commencerons par une vision complète de l'organisme dans le système global de l'être et de son environnement.

"A" POUR APPRENDRE

Comprendre ton corps nécessite de réapprendre deux ou trois petites choses. L'apprentissage est la condition *sine qua non* de ton évolution, il est intimement lié à l'expérience.

Comme le pirate informatique, il va te falloir acquérir au préalable un langage, un code. De même que tu ne peux pas communiquer clairement avec quelqu'un dont tu ne connais pas la langue, tu ne pourras pas hacker un système dont tu ne maîtrises pas le fonctionnement.

Ton organisme est comme un circuit imprimé dans lequel circule l'information. Chacun de tes systèmes physiologiques a ses propres règles, ses propres fonctions et transporte des messages subtils. Ainsi, ton foie ne traite pas les mêmes paramètres que ton cœur et le système cardio-vasculaire n'a pas le même rythme que le système digestif. Or, nous sommes un tantinet déconnectés de notre corps et l'avènement de la science et de la médecine modernes a remis ces connaissances aux mains des experts. Sans prétendre faire de toi un spécialiste, je te propose de t'aider à te reconnecter à ton corps du point de vue de la physiologie.

Une fois cette reconnexion opérée, tu pourras te pencher sur la symbolique corporelle car, outre ses multiples fonctions, la physiologie nous parle aussi de l'individu, et une pathologie de l'estomac n'aura pas la même symbolique qu'une affection du genou. Cette voie de compréhension est essentielle pour appréhender l'organisme comme un messager. Bien souvent, le message qu'il te délivre est celui de la quête d'équilibre, et de simples réajustements de l'état d'être suffisent.

Enfin, pour les traditions spirituelles, le corps est ce qui nous place, nous, êtres humains, dans le monde, entre ciel et terre, et qui fait de nous le réceptacle de l'énergie universelle. Il est donc intéressant d'aborder cette grille de lecture plus ésotérique pour entendre autrement ce qui s'exprime.

"C" POUR COCRÉER

Tu comprendras ainsi que le corps est davantage qu'un simple véhicule : il est le temple de l'âme et il a besoin de toi. Vous ne faites qu'un, bien que l'esprit soit illimité et subtil, et le corps, limité et tangible, ce n'est que leur union qui fonde l'individu.

Je ne te soumets pas un programme d'hygiène de vie ni un planning de remise en forme, non, je te propose de relier le corps au reste de l'être, à l'âme. En effet, hacker ton corps revient à y mettre de l'âme, à l'animer, plutôt qu'à le contraindre ou à chercher à le transformer.

Je ne crois pas que l'on puisse fondamentalement changer. Le vouloir reviendrait de fait à accepter qu'une part de soi est mauvaise ou inapte. Tu n'as pas besoin de changer, tu as besoin de devenir celui ou celle que tu veux être. Il s'agit de transcendance, de cocréation.

Si nous en revenons à notre hackeur, il ne change pas le système qu'il pirate, il le met à profit, il le fait évoluer vers une version améliorée, plus juste et congruente pour lui. Il travaille avec les ressources en présence.

Tu as cette habileté à apporter une réponse aux signaux de ton corps, alors travaille avec, plutôt que contre toi-même. Tu verras, c'est bien plus apaisant. C'est en cela que réside ton pouvoir créateur, dans ta capacité à prendre la responsabilité de ton potentiel et à le déployer dans le sens voulu. Hacker ta propre personne, c'est accepter et exploiter tes ressources. Être un cocréateur, c'est prendre conscience de tes possibilités, les comprendre et construire sur ces fondations pour devenir la version de toi-même qui te semble optimale et satisfaisante.

"K" POUR KIEF ET KAIZEN

Le *kief* est défini comme le repos absolu au milieu de la journée, ce moment où tu te prélasses, où tu te détends totalement. Parvenir à cocréer avec ton corps pourrait ressembler à une sorte de relâchement complet par lequel tu gagnerais le repos du guerrier, cet état permanent de délassement de l'être.

À mes yeux, un combattant victorieux est celui qui dépose les armes et ôte son armure. C'est celui qui accepte ce dont il est fait, ses forces et ses faiblesses, sans tenter de les cacher. Tant que tu portes une cuirasse, c'est que tu estimes avoir besoin de protection. Cependant, ce sont cette carapace et cette tension de l'être qui te rendent infiniment vulnérable. Lorsque tu te dépouilles et que tu acceptes humblement cette vulnérabilité inhérente à ton humanité, alors tu découvres tes ressources et tu deviens invincible. Si toi-même tu n'as plus peur de ce que tu es et de ce que cela peut produire, qui pourra t'atteindre ?

La notion de *kaizen*, issue de la tradition japonaise, est la philosophie de la progression constante, toujours à petits pas. Vouloir instaurer des modifications drastiques et substantielles dans ta vie et ton rapport à toi-même risque de t'amener à un constat d'échec, car ta situation actuelle est la conséquence de ton vécu et de tes choix. C'est la zone de sécurité créée par l'être à mesure de l'expérience. Proposer un changement radical lèverait toutes tes structures de défense et te conduirait droit dans le mur. Tu ne peux pas modifier en un jour la toile qui s'est tissée tout au long de ta vie, tu dois accepter le matériau dont tu es fait et travailler avec les ressources en présence. C'est pourquoi je suis plutôt partisane de l'idée de devenir un pas après l'autre. Assure-toi des transformations positives et pérennes en les mettant en œuvre un pas à la fois.

LE HAKA «OSE TE DÉPLOYER»

HACK, ce petit acronyme, cette vision toute personnelle du hacking, pourrait bien être un mantra ou un chant guerrier, la comptine du pirate…

> « Je kiffe de cocréer pas à pas avec mon corps, par l'apprentissage, pour mon bien-être holistique. »

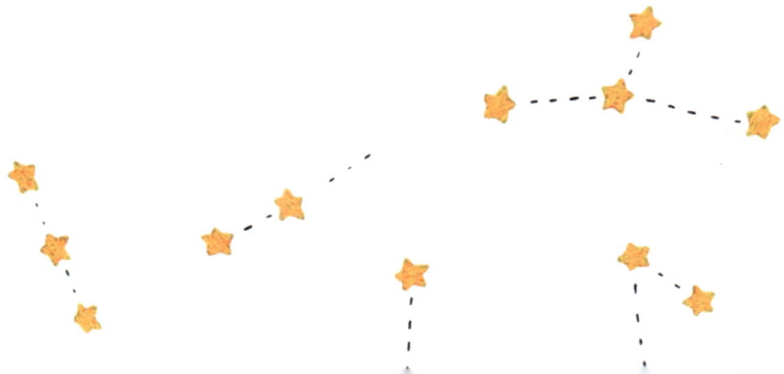

H
A
C
K

Holistique : la matrice

À la fois origine et résultat de ta présence au monde, ton corps est une entité autonome ultra-performante et ultra-perfectionnée, qui maintient l'équilibre de systèmes en perpétuelle instabilité. Bien qu'il t'arrive sans doute de le percevoir fréquemment comme une entrave, il est une réalité énergétique et vibratoire qui te permet de communiquer avec l'Univers. Il te place au sein de ton environnement et en interaction constante avec lui. Ses seules limites sont celles que tu lui imposes, car il s'adapte à toutes les situations auxquelles tu es confronté, sans que tu aies besoin une seule seconde d'être conscient de son activité physiologique. Il est aussi capable, lorsqu'il dysfonctionne, de t'alerter sur certains déséquilibres que tu t'efforces d'ignorer. Le corps a sa propre conscience, et il exprime la tienne autant que ton inconscient. Il est ce qui fait de toi un individu sensible. Ton esprit, tes pensées, ta vie affective te semblent impalpables… tu as d'ailleurs souvent bien de la difficulté à nommer une émotion ou à formuler un ressenti. Ton corps te permet de manifester cela, mais avant tout, il te permet de sentir et de ressentir. Il est le cercle que tu habites, il est ton espace vital. À travers lui, ce n'est pas seulement la quête d'équilibre et de sécurité qui s'exprime, mais l'ensemble de l'être. Tout y prend vie et forme, il est ton reflet.

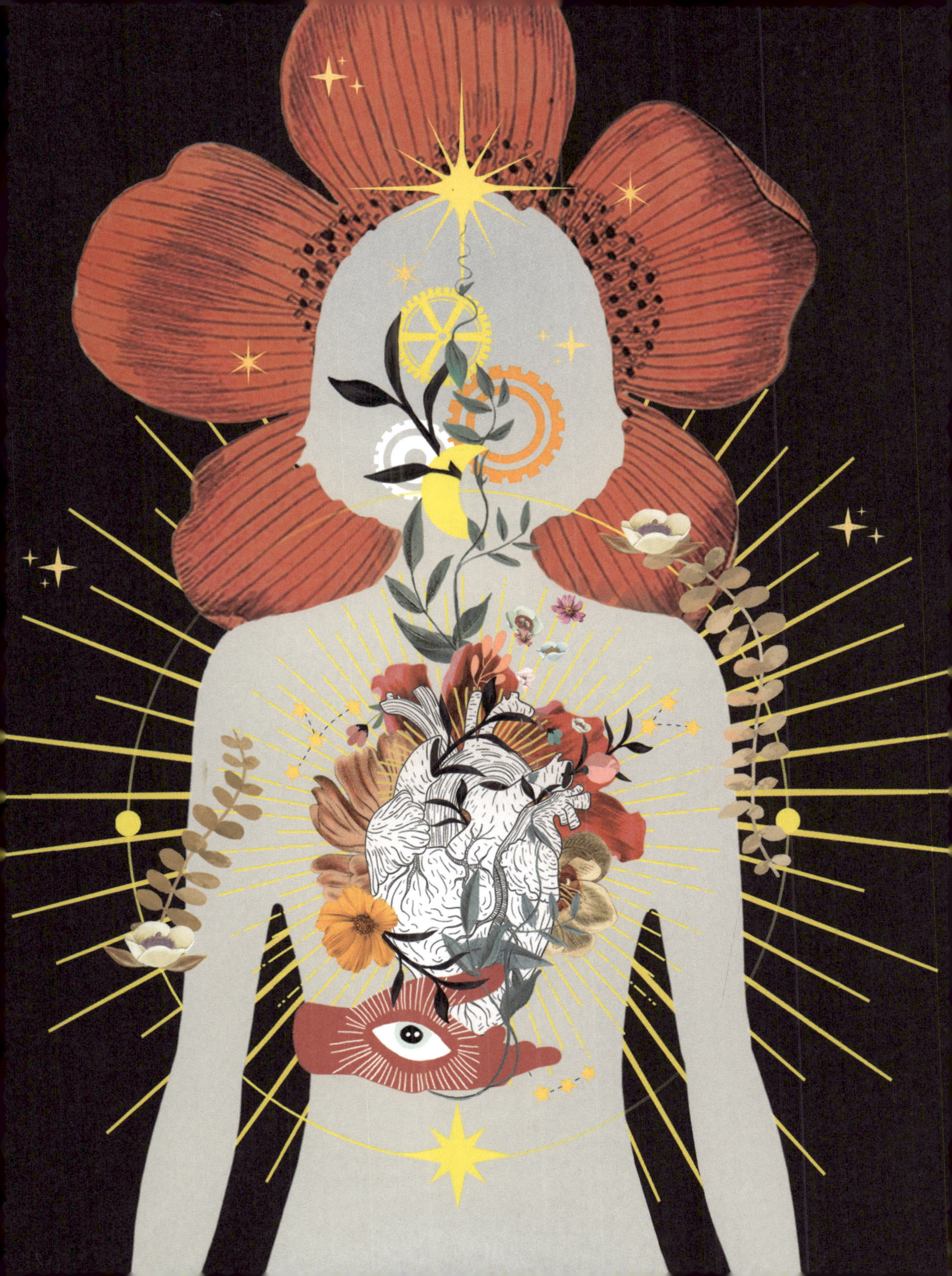

DU MACROCOSME AU MICROCOSME : *le corps dans l'Univers*

Pour que tu sois en capacité d'agir, de réagir et d'apporter les réponses appropriées aux stimuli qui te parviennent, ton cerveau a développé la faculté de te dissocier de ton environnement. Mais si tu veux pouvoir te positionner de façon juste et surtout exploiter au mieux les ressources de ton corps, nous allons devoir tordre le cou à cette première idée reçue : non seulement tu n'es pas séparé de l'Univers, mais en plus, il te traverse constamment.

Nous sommes donc habitués à nous distancier de notre environnement, autant qu'à concevoir autrui absolument distinct de nous-mêmes. Cependant, les expériences menées par l'équipe d'Alain Aspect à l'Institut d'optique et, plus récemment, par Ronald Hanson à l'université de technologie de Delft, aux Pays-Bas, mettent en évidence le phénomène d'intrication quantique supposé par Albert Einstein, Boris Podolsky et Nathan Rosen, qui bouscule cette conception dualiste de l'homme et de l'Univers[I].

Des tests effectués sur deux photons isolés à partir d'un même condensat de matière (un peu comme si on avait extrait deux atomes de ton corps) ont montré que si, après avoir éloigné ces particules, on modifiait l'état de l'une, la seconde s'y adaptait en corrigeant son état instantanément. Pour simplifier, tout se passe comme si une forme de lien informationnel persistait entre elles. Mais allons un peu plus loin : les particules conservent leur état modifié jusqu'au changement suivant, ce qui implique qu'elles gardent une trace de leur vécu.

Nous pouvons tirer de ces observations ces deux conclusions déconcertantes : tout ce qui a été lié le reste et l'atome possède une mémoire. Je te rappelle que, selon l'hypothèse du big bang, l'Univers tenait à l'origine dans l'équivalent d'une balle de tennis… CQFD. Notre Univers serait ainsi une gigantesque trame énergétique sur laquelle circulerait l'information et qui mettrait en rapport chacun de ses constituants. Et comme tu n'es finalement qu'un amas de particules, il en va de même de chaque parcelle de ton corps comme de tes congénères. Nous serions tous interconnectés et perméables à l'information. En conséquence, le microcosme que constitue ton organisme est partie intégrante du macrocosme qu'est l'Univers et lui est relié de façon pérenne, de la même manière que tu es intimement lié à chaque individu et à chaque forme de vie présente sur notre belle planète. Tu fais partie du monde.

Mais pas seulement. Le monde fait aussi partie de toi. En effet, la somme de la matière de l'Univers ne représente que 5 % de celui-ci[2] – très peu pour nous qui pensons que tout est matériau compact. La majorité de l'environnement dans lequel tu vis est de l'énergie. On estime que 99 % du corps humain sont composés de ce « vide » énergétique[3] ; ainsi, loin d'être solide, tu es bien plus énergétique.

Même si cela te paraît difficilement concevable, tu es traversé en permanence par ce qui t'entoure : avoue que c'est plus excitant et réjouissant qu'une vision séparatiste de nos frêles existences !

DE L'ÉNERGIE À LA MATIÈRE : *la conscience du corps*

La physique newtonienne a longtemps régné sans partage sur le monde scientifique, faisant prévaloir une vision mécaniste de l'homme et de l'Univers, qui soutenait que le cosmos se résumait à des amas de matière juxtaposés, régis par la loi de cause à effet

Néanmoins, au cours du siècle dernier, grâce aux avancées de la physique quantique, ce paradigme a été supplanté par une conception nettement plus enthousiasmante, qui repose sur le postulat d'une trinité énergie-information-matière.

Tout, dans l'Univers, n'est qu'énergie et vibration ; si tu ramènes n'importe quel fragment de matière à sa plus simple expression, la particule élémentaire, tu ne trouveras que de l'énergie compressée, condensée. Ce qui fait que ce potentiel énergétique, cette somme de probabilités, se matérialise, c'est l'information (du latin *informare*, « donner forme, mettre en forme ») qui lui est transmise. Ce serait cette charge informative, comparable à une conscience universelle, qui gouvernerait la matrice, le champ quantique dans lequel nous vivons, rendant possible son organisation.

Cet apport essentiel de la physique quantique nous amène à considérer l'homme, et plus particulièrement son organisme, tout autrement que comme une machine placide.

Les quelque cent mille milliards de cellules qui constituent un corps humain adulte communiquent entre elles, se transmettent de l'information sans la moindre intervention de l'esprit dit « souverain ». Comment savent-elles ce qu'il leur incombe de faire ? Se pourrait-il, comme on envisage l'Univers régi par une conscience informationnelle qui lui permettrait de se composer et de se recomposer, que chacune de nos cellules dispose d'une conscience propre qui permette à l'organisme d'être cette si merveilleuse mécanique autonome ? Se pourrait-il que le corps soit la trame tangible qui permette à l'esprit de descendre dans la matière ? Quelle serait alors l'information qui sous-tendrait sa coordination ?

Nous sommes faits de chair et de sang, mais en plus d'être le berceau de la vie, cette matière est le support de la pensée, de l'émotion, de la conscience. « Je pense, donc je suis », affirmait Descartes[4], soit je pense, je ressens, et parce que je pense je ressens, et parce que je ressens je pense. La sensation n'est pas antérieure à la pensée (ni l'inverse), pas plus qu'elle n'en est dissociée. La vision linéaire induite par le principe de cause à effet nous déconnecte de ce cycle continuel. Il n'y a pourtant pas de début ni de fin, pas de précédent ni d'origine. Le monde est rond, tout comme ton corps en trois dimensions, qui met en communication tous tes organes Et c'est bien cette conscience intrinsèque qui te confère ta densité.

La matière est l'expression de la conscience. La physique quantique suppose une conscience qui « enforme » l'énergie en matière, tandis que les alchimistes parlent de l'« âme » de la matière. Dans les deux cas, la question posée est celle de la nature de l'information qui transforme.

Ton information corporelle est double. Potentielle, elle est déjà présente en toi : il s'agit de ton ADN. Cinétique, elle est produite par de multiples interactions qui résultent de tes perceptions, mais aussi de l'interprétation qu'en font tes structures cérébrales et ta sphère émotionnelle. Les principales sources informationnelles du corps, outre les capteurs des divers systèmes physiologiques, sont donc le cœur et le cerveau. Il en découle que, comme on pourrait résumer l'Univers à la trinité énergie-information-matière, on pourrait résumer l'organisme à la trinité cœur-esprit-corps.

LE CORPS : *source d'information*

La première des sources informatives grâce auxquelles ton corps va prendre forme est le capital génétique qui accompagne ta venue au monde, qui constitue ton potentiel.

L'ADN, présent dans la majorité de nos cellules, contient les données nécessaires au développement et au fonctionnement de l'organisme. Il se transmet tout au long de la vie, à chaque division cellulaire, avec une précision d'orfèvre. Ce patrimoine, réparti entre les vingt-trois paires de chromosomes héritées de nos parents, compte vingt mille à vingt-cinq mille gènes[5] qui spécifient le rôle et l'activité de chaque cellule.

Bien que cette information soit stable la plupart du temps, et c'est tant mieux, l'expression des gènes peut être amenée à fluctuer en fonction des paramètres cinétiques imposés par notre environnement et nos habitudes de vie. Si ces variations ne sont pas toujours pérennes, elles sont néanmoins susceptibles d'être transmises lorsque les cellules se dupliquent.

Ainsi, la question n'est pas tant de savoir si tu es content de ton génome que de te demander ce que tu peux en faire. Cette information-là, si tu ne la choisis pas, tu peux en revanche l'optimiser. Il semble en effet que l'ADN soit le socle de la conscience du corps, en interaction avec le vivant dans lequel il évolue. Si la matière se structure grâce à l'information qu'elle reçoit, notre patrimoine génétique est le premier de nos codes, et celui-ci, tu peux le hacker, au moins partiellement, en favorisant une hygiène de vie bénéfique pour la santé.

LE CORPS : *capteur d'information*

Le principal des informations que ton corps va détecter provient de ton système sensoriel ; c'est lui qui te permet de ressentir le monde qui t'entoure et de moduler ton comportement. Il regroupe les organes relatifs aux cinq sens – la vue, l'odorat, l'ouïe, le toucher et le goût –, mais on considère également quatre autres sens : la proprioception (la faculté de savoir où sont les parties de notre corps quand on a les yeux fermés), la thermoception (la perception de la température), la nociception (la perception des stimulations génératrices de douleur) et l'équilibrioception (le sens de l'équilibre).

Les signaux internes et externes captés par les organes sensoriels sont transmis par voie nerveuse jusqu'à la centrale de traitement qu'est le cerveau, qui communique aux organes effecteurs – ceux qui agissent, principalement les muscles – la réponse à apporter. Une nouvelle information est ainsi générée.

Le corps sensible est donc le premier capteur de l'information qui va encoder la physiologie en vue de préserver l'intégrité de l'individu dans l'environnement. Il est une antenne ultra-puissante qui permet de maintenir l'homéostasie (l'équilibre) des systèmes.

LE CORPS : *interprète de l'information*

Parce qu'il conditionne la réaction du corps, le processus de prise en charge de l'information nous amène à transcender les simples règles physiologiques. Dans un premier temps, ton système sensoriel va développer ses capacités de ressenti en fonction des sollicitations auxquelles il sera soumis. Ainsi, si tu stimules davantage l'audition que le toucher, tu privilégieras tes capteurs auditifs au détriment des tactiles. D'autre part, pour ne pas disjoncter face aux milliards de données qu'il reçoit chaque minute, le cerveau a mis en place un système de tri, grâce auquel il regroupe les paramètres similaires : c'est le principe de discrimination. Dans le même temps, il classe ce qui est important et ce qui ne l'est pas : c'est la modulation. Dans les deux cas, il se fonde sur ce que tu connais déjà.

Toi qui pensais que c'était le corps qui était limité et l'esprit illimité, tu sais maintenant que l'esprit fonctionne en grande partie sur le référentiel de la mémoire et sur l'acquis de l'expérience. C'est lui qui indique au corps sa limite.

Afin que chaque perception puisse être interprétée avec justesse, une tonalité affective (confortable, inconfortable ou neutre) lui est associée. Le corps sait alors si elle est « bonne » ou « mauvaise », et peut décider de la conduite à tenir. Sa réaction n'est pas seulement automatique, elle est subordonnée à la structure du mental, à l'expérience qui le construit et à la charge émotionnelle que celle-ci porte.

Notre psychisme s'exprime donc aussi dans notre corps. D'ailleurs, ce que tu crois être du plus subtil ne l'est pas tant que ça. L'esprit, loin d'être séparé du corps, y matérialise l'activité mentale et affective, et l'habite ainsi des pieds à la tête. Chaque pensée est le produit d'une perception que l'organisme traite pour en faire une réalité tangible dans la matière : elle est traduite sous forme de connexions neuronales qui cartographient notre cerveau et organisent nos capacités, notre mémoire, et donc notre perception du monde, de nous-mêmes et de nos possibles. Chaque émotion est un signal neurochimique envoyé au corps, qui lui permet de se positionner dans le monde.

N'oublie pas que tout est interconnecté. Le cœur et le cerveau sont intimement liés, on observe d'ailleurs une voie de transmission de l'information de l'un à l'autre, un axe cœur-cerveau : le cœur capte, teinte, puis transmet à l'esprit qui analyse et ordonne au corps.

LE CORPS : *reflet de l'information*

Afin de conserver l'harmonie entre chacun des systèmes, le corps est ajusté sur un point d'équilibre. C'est la première raison pour laquelle il est une centrale de traitement de l'information si perfectionnée. Ce qui s'y exprime n'est pas uniquement une nécessité physiologique ; notre affect, nos croyances, en plus de le structurer concourent tout autant à le déstabiliser.

L'état d'être est partie intégrante de la santé physique. Les pensées, les ressentis se reflètent dans la chair et font du corps le vecteur d'expression de l'individu. Souvent, son cri est celui de l'âme.

Les croyances que tu nourris, par la force de leur suggestion symbolique, sont capables de favoriser la santé ou la maladie. Si on délivre par exemple à un groupe témoin un traitement efficient contre une pathologie donnée et que l'on distribue du sucre à un second échantillon de patients atteints de la même pathologie, en prétendant qu'il s'agit d'un médicament, près de 30 % des sujets ayant ingéré le sucre guérissent… C'est l'effet placebo (« je vais plaire »), ou la capacité de l'esprit de provoquer une guérison sous l'effet d'une suggestion positive. À l'inverse, lorsqu'on prescrit à des individus un traitement occasionnant des effets secondaires et qu'on fournit du sucre à d'autres personnes, en les informant de ces mêmes effets secondaires, 30 % de ceux qui ont reçu le sucre développent ces désagréments – c'est l'effet pervers de la suggestion symbolique, ou effet nocebo (« je vais nuire »).

« Ce que tu crois, tu le deviens », disent les traditions spirituelles. Eh bien, c'est vrai : l'esprit est capable de générer la maladie autant que la guérison. Ce qui s'exprime dans l'organisme est donc aussi ta croyance, et le symptôme physique peut trouver sa source dans le dysfonctionnement du système de pensée. Souvent, celle-ci n'est pas consciente, et c'est là que le corps devient le véritable miroir de l'âme, il exprime également ce qui est inconscient.

C'est le principe de la somatisation. Il arrive qu'une charge émotionnelle qui ne peut pas être traitée par le conscient soit évacuée dans le corps et que lui non plus ne puisse la résoudre. Un symptôme apparaît alors, dont l'origine n'est ni physiologique ni anatomique, mais avant tout inconsciente. On évalue à près d'un tiers des symptômes la proportion de ces manifestations. Et la somatisation prend une très grande place dans notre société où le stress provoque 90 % des pathologies et où la performance tient lieu d'objectif de vie. Dès lors, toutefois, que l'individu redevient conscient de la charge émotionnelle et psychologique qui l'inhibe et qu'il agit en favorisant une voie d'apaisement, le symptôme disparaît.

En ce sens, la capacité de lire symboliquement le corps en interprétant l'expression du cœur et de l'esprit est essentielle, afin de l'aider à retrouver son équilibre lorsque la source de la dysfonction n'est pas physiologique.

Pratique

Il serait un peu délicat de te faire sentir le lien qui existe entre toutes choses.

Cependant, il est possible de t'aider à percevoir ta réalité vibratoire. Cette vibration produite par ton corps s'appelle le « corps éthérique », il s'agit du miroir vibratoire de ton corps physique. Pour prendre conscience de ta densité énergétique, je t'invite à un petit exercice de centrage et de méditation qui stimulera ton ressenti. Installe-toi confortablement et scanne le code afin d'accéder à la méditation.

Maintenant que tu as pris conscience de la vibration de ton corps, je te propose de porter ton attention sur tes sens. Parce que nous en sommes assez déconnectés, je te convie à reprendre conscience de tout ce que tu perçois et à consacrer une journée à chacun de tes cinq sens primaires :

- *jour 1 :* concentre-toi sur tes oreilles ;
- *jour 2 :* sur ta peau ;
- *jour 3 :* sur ta bouche ;
- *jour 4 :* sur tes yeux ;
- *jour 5 :* sur ton nez.

Tu perçois quotidiennement un milliard de choses, mais tu ne t'en rends plus compte. Alors, pour cinq petites journées, fais la part belle à tes ressentis : écoute, touche, goûte, regarde et sens.

À présent, voyons comment ton ressenti est connecté à ton cœur et à ton esprit. Pour les différents ressentis qui te parviennent, demande-toi ce que tu éprouves, ce que tu en penses. De la même façon que tu t'es attardé sur tes sens, sois à l'écoute de la perception, puis aussitôt de l'opinion que tu en as.

En résumé

★ Tu es relié par ta réalité physique au reste de l'Univers. Le phénomène d'intrication quantique indique que tout ce qui a été lié le reste au moins par un lien informationnel ; ainsi, tu fais partie du monde et le monde fait partie de toi.

★ L'Univers tient dans la trinité énergie-information-matière. Tout atome n'est qu'un potentiel énergétique qui prend forme selon l'information qu'il reçoit. Ton corps est le support et le vecteur de l'information, par sa physiologie, par la pensée et par le cœur. Ainsi, l'être lui aussi peut se résumer à une trinité cœur-esprit-corps.

★ La première source d'information du corps est l'ADN, présent dans la quasi-totalité des cellules et qui se transmet. Cette information constitue ce que tu es en puissance. Cependant, en fonction de ce que tu es en acte, de tes habitudes et de ton hygiène de vie, l'expression de ce potentiel génétique va se modifier. Ainsi, bien que prédéterminée, l'information de base qui est la conscience du corps reste plastique. Rien n'est figé.

★ Le corps capte en permanence les informations provenant de l'environnement, afin de maintenir l'équilibre des systèmes physiologiques. Le système sensoriel en est l'antenne qui perçoit et communique ces éléments afin qu'ils puissent être pris en charge par le cerveau.

★ Le cerveau traite l'information en fonction de l'expérience et de la mémoire. Dès lors, les capacités du corps sont déterminées par ces dernières : l'esprit donne sa limite à l'organisme, par le fonctionnement du mental fondé sur ce qui est connu. D'autre part, l'information, pour être traitée, doit porter une tonalité affective. Nos émotions influencent donc également le traitement de l'information et, par conséquent, le corps. La réaction physiologique de l'organisme est conditionnée par l'esprit et par le cœur.

★ Le corps exprime par des symptômes ce qui vit dans l'esprit et dans le cœur. Les effets placebo et nocebo soulignent le pouvoir du mental sur l'organisme ; le concept de somatisation, quant à lui, nous indique l'impact des émotions sur celui-ci. Ton corps est le reflet de ta vie intérieure, et les symptômes qu'il exprime, outre leur origine physiologique, sont aussi l'expression de tes sphères émotionnelle et mentale.

Après ce tour d'horizon holistique de ton corps, tu peux concevoir que cet amas de matière que tu considères souvent comme étranger à toi-même est en réalité non seulement un lien profond entre toi et le monde dans lequel tu vis, mais aussi une toile d'information te permettant de rester en équilibre. À travers ton corps circule l'information nécessaire à ta survie ; toutefois, il s'y exprime également les profondeurs de ton être. Ton esprit, tes émotions, tes pensées, tes croyances : tout ce qui te constitue s'y reflète. Il est la matérialisation de ton âme. Apprendre à le lire dans cette dimension psycho-émotionnelle devient dès lors une voie de développement et la clé de toute guérison pérenne.

HACK

Apprendre : le code, le langage

Abordons maintenant la compréhension des signaux corporels. Tu as intégré, du moins je l'espère, que ton corps est une centrale d'émission et de traitement de l'information. Si tu veux le hacker en plus de prendre soin de lui, il va te falloir apprendre à décoder les messages qu'il te transmet. Comme toute donnée, leur sens dépendra du média qui les émet, nous allons donc naviguer à travers les systèmes physiologiques qui le composent pour passer en revue leur rôle et leur fonctionnement, mais aussi pour établir en quoi leur dysfonctionnement est suggestif. Souvent, il n'est question que de bon sens ; cependant, ce bon sens implique une certaine honnêteté, et c'est cela qui est délicat et qui appelle la plus grande bienveillance.

Dans bien des cas, la pathologie physique est la réponse inadaptée de la matière à un message psycho-émotionnel qui n'a pas été traité.

LE CORPS : *modèle de développement personnel*

Pour apprendre à entendre, nous allons donc faire un peu de physiologie, de manière à interpréter le symbolisme des messages délivrés par le corps. Nous nous pencherons sur les principes fondamentaux, car en plus d'être essentiels, ils se révèlent de belles voies de compréhension[6]. Le mode de fonctionnement de ton organisme à partir de sa plus petite composante, la cellule, est à lui seul un modèle de développement personnel, qui t'invite à amorcer un mouvement vers toi-même. Ton corps est ton guide, il te parle sans cesse, mais il te faut savoir déchiffrer son langage, l'écouter, le respecter. Si en effet nous étions davantage attentifs à la conscience du corps, notre propre conscience parviendrait probablement à s'exprimer un peu mieux.

Système après système, nous allons mettre de la conscience dans la matière, et ainsi nous donner les moyens de l'animer plus justement.

Tu disposeras alors, en fin de parcours, d'un lexique anatomique et symbolique qui te permettra de faire le trajet vers ce qui réside au-dedans de toi-même avant d'apporter des solutions extérieures face aux dysfonctionnements.

Voyons comment la cellule, le composant essentiel de ton organisme, son unité fondamentale, est à elle seule un modèle de développement personnel. Elle s'assemble à d'autres cellules pour former les tissus, les organes, etc. Chacune est autonome et possède son propre métabolisme. Rien qu'en cela, ton corps est déjà admirable. Imagine s'il te fallait penser à chacune d'elles… Pour une minute, juste une minute, arrête-toi et prends conscience de la magie qui est en train d'opérer à cet instant, des milliards de réactions chimiques qui se produisent, de toutes ces micro-entités qui vivent là, en toi, et rends grâce.

Je t'invite, pour le temps des pages à venir, à regarder ton corps non pas comme un instrument qu'il te faut contrôler, mais comme un exemple à suivre.

LA COMPOSITION DE LA CELLULE

Trois éléments fondamentaux structurent la cellule : le noyau, le cytoplasme et la membrane.

★ Le noyau : c'est le centre vital, le siège du potentiel génétique, le porteur de l'ADN.

★ Le cytoplasme : il renferme un liquide aqueux dans lequel baignent tous les nutriments essentiels à la survie de la cellule. Symboliquement, c'est ton microcosme, la manière dont tu te nourris.

★ La membrane : c'est la barrière qui délimite l'unité cellulaire, qui distingue ce qui lui est interne de ce qui lui est externe. Cette paroi doit être poreuse pour permettre les échanges avec l'extérieur, et néanmoins définie. Symboliquement, c'est là que se trouve l'affirmation de soi.

La composition même de la cellule est un joli modèle : y sont combinés ton centre, ton toi, ton potentiel ; elle représente ta conscience. Ce centre a besoin d'éléments nutritifs pour se développer, ce sont là tous tes besoins physiologiques, mais aussi psycho-émotionnels, c'est ta vie dans la matière. Et puis, tu dois poser une limite pour pouvoir interagir avec l'extérieur et conserver un équilibre, dont tu fixes le degré de perméabilité selon ce qui est juste pour toi.

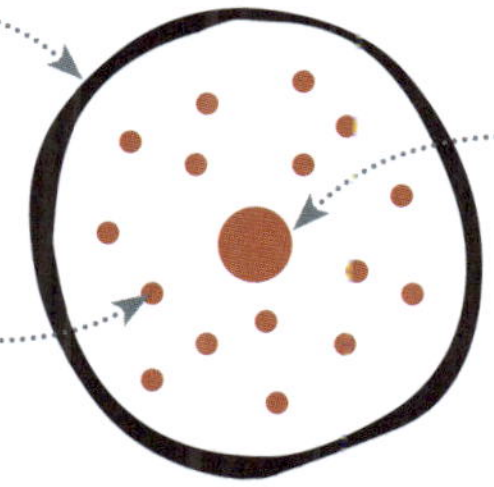

L'HOMÉOSTASIE

L'homéostasie, c'est la capacité d'une structure (la cellule) ou d'un système vivant (ta physiologie) de préserver son équilibre interne malgré les variations des conditions extérieures, sa faculté d'autorégulation. C'est grâce à ce mécanisme que tes cellules ne font pas n'importe quoi chaque fois que l'environnement change, c'est ce qui fait aussi que ton rythme cardiaque, ta digestion, ton système nerveux, tes poumons s'adaptent en fonction des contraintes auxquelles ils sont soumis. C'est le principe fondamental de la stabilité des organismes et des systèmes, un état d'harmonie dynamique qui permet l'ajustement à ce qui nous entoure et garantit une existence indépendante à l'égard du milieu ambiant. Répondre à ses besoins tout en restant stable et équilibré malgré les sollicitations externes, ça vend du rêve, non ? Cela s'applique à tous les systèmes corporels, du microscopique au macroscopique. Tout en toi n'est que quête d'équilibre. Un bel exemple ! Et toi, où en es-tu vis-à-vis de ton homéostasie ?

LE MÉTABOLISME

Pour maintenir un état d'équilibre interne, chaque organisme vivant doit être capable d'assimiler des nutriments et d'éliminer les déchets. C'est ce que l'on appelle le « métabolisme », qui se retrouve tout autant à une échelle microscopique que macroscopique. La cellule doit pouvoir synthétiser des molécules complexes à partir de ces éléments nutritifs – c'est l'anabolisme –, aussi bien que se débarrasser des constituants usés – c'est le catabolisme.

De même, pour te maintenir en équilibre, tu dois être capable de te nourrir correctement, et ce, à tous les niveaux – physique, émotionnel et spirituel –, tout comme tu dois pouvoir reconnaître et évacuer ce qui est toxique ou devenu inutile, incongruent pour toi.

LA SYMBIOSE

La symbiose est l'association de plusieurs organismes dans un but bénéfique. Mais bénéfique pour qui ? Il existe trois types d'unions : le mutualisme, qui produit un bénéfice réciproque ; le commensalisme, qui profite à un seul des partenaires sans nuire à l'autre ou aux autres ; et le parasitisme, qui favorise un individu au détriment de l'autre ou des autres.

La symbiose détermine le type d'échanges que les organismes mettent en œuvre. Quelle que soit la relation développée, il s'agit bien d'une capacité à créer de la collaboration, à s'associer à autrui pour maintenir son équilibre et rendre possible son évolution.

Ça pourrait être perçu, du point de vue du développement personnel, comme la faculté d'accepter ses failles ou sa vulnérabilité et d'aller chercher de l'aide à l'extérieur dans un but évolutif. Mais comment procéder ? Si par exemple tu manques de confiance, est-ce que tu trouveras la motivation auprès d'une amie pour aller pratiquer un sport (mutualisme) ? Est-ce que tu solliciteras plutôt des compliments pour te rassurer (commensalisme) ou est-ce que tu dévaloriseras l'autre, afin de t'apporter de la valeur (parasitisme) ?...

LA REPRODUCTION

Je te vois venir... Non, on ne va pas descendre sous la ceinture, on va creuser la question sous l'angle de la conscience... La reproduction, c'est la possibilité, pour un organisme, de se perpétuer en transmettant à sa descendance les informations potentielles et acquises au cours de son existence. L'épigénétique nous indique que les conditions de vie d'un individu, tant sur le plan de l'alimentation que sur les plans émotionnel, du stress ou de la structure mentale, influent sur l'expression de son ADN, ce qui se retrouve bien entendu au niveau cellulaire.

La capacité pour une cellule de se reproduire, c'est la capacité pour l'organisme de faire croître la vie et de transmettre l'information essentielle, la connaissance, afin que cette vie perdure dans des conditions optimales. C'est la notion de croissance, et d'évolution même.

L'AUTO-GUÉRISON

Les principes inhérents au fonctionnement de l'organisme – se nourrir et se nettoyer (le métabolisme), maintenir un équilibre (homéostasie), se transmettre des informations (reproduction) et collaborer (symbiose) – constituent à eux seuls la « fâcheuse » tendance du corps à aller naturellement vers la santé, le bien-être et l'harmonie. Ces mécanismes sont les bases de ses capacités d'auto-guérison.

Chaque cellule est un ensemble d'atomes qui vibrent et génèrent une fréquence. On identifie une fréquence saine (soixante à soixante-dix hertz) et une fréquence défaillante (au-dessus ou en dessous)[7]. Dans ce dernier cas, les cellules voisines vont tenter d'apporter leur aide pour rétablir la bonne information et le potentiel requis. En cas d'échec, la cellule déficiente sera isolée – soit parce que l'information est erronée, soit parce que la cellule est incapable de l'intégrer – et la maladie apparaîtra. Mais alors que le corps est conçu pour maintenir son équilibre et rester en bonne santé, qu'est-ce qui fait qu'une cellule ne parvient pas à entendre l'information et à rétablir son potentiel ? Si cette information est physiologique, c'est la magie du système qui se retourne contre lui ; si elle est émotionnelle ou mentale, c'est l'être qui ne consent pas à la guérison. La pathologie se présente alors comme une réponse inadaptée du corps face à une information qu'il ne peut pas traiter. Nous pouvons concevoir la maladie et le corps d'un point de vue symbolique. Chaque système est doté d'une fonction propre, et une atteinte de l'un d'eux peut nous mettre sur la voie symbolique de l'origine psycho-émotionnelle de la « mal-a-dit ».

Bien entendu, il ne faut en aucun cas négliger l'aspect physiologique ; en conséquence, il est important de traiter par les voies conventionnelles. Cependant, ajouter un second degré de lecture peut parfois être d'un grand soutien et permettre de mieux comprendre ce qui, de l'âme, s'exprime dans la matière.

Pratique

Le fonctionnement de la cellule nous invite à questionner la façon dont nous nous nourrissons et dont nous interagissons.

Je te convie donc à t'interroger sur la manière dont tu réponds à tes besoins.

Tes besoins physiologiques

Passe en revue ton alimentation, ton rythme de sommeil et ton besoin d'activité. Indépendamment des codes et des règles, demande-toi ce qui te convient à toi.

Prends le temps d'observer comment tu te sens en fonction de tes repas, teste jusqu'à trouver ce qui te va. Idem pour le temps de sommeil. Quant à l'activité physique, même si ce n'est pas ton truc, ton corps en a besoin. Essaie une chose et une autre : piscine, marche active, boxe, yoga – une fois, deux fois, trois fois par semaine, explore.

Écoute ton corps, cerne ses besoins et apprends à y répondre.

Tes besoins individuels

Ensuite, demande-toi ce qui te nourrit en tant qu'être, ce qui t'est indispensable pour exprimer tout ton potentiel. Ce sont généralement les activités que tu remets à plus tard : la balade en forêt qui te ressource, l'expo qui enrichit l'esprit…

Pose-toi pour questionner tes besoins physiologiques et individuels, et commence à les intégrer fermement dans ton quotidien ; tu verras que ton état d'être va changer et que ton sentiment intérieur sera plus aligné. C'est ce que tu t'offres, c'est la nourriture de ton corps, de ton cœur et de ton esprit.

Pratique

Prends ensuite le temps de questionner la façon dont tu interagis avec autrui. Vouloir aider l'autre, c'est bien, mais c'est surtout empiéter sur son territoire et lui « prendre » une part de son pouvoir personnel ; de même que le laisser venir sur ton territoire, c'est perdre une part du tien. La limite entre soi et autrui doit être poreuse et cependant définie. Je t'invite donc à t'observer et à questionner toutes les situations où tu te vois franchir ta limite. Demande-toi si ce que tu es en train de porter t'appartient et si cela est juste pour toi comme pour lui. Interroge-toi aussi sur ce que tu remets entre ses mains et sur la congruence, pour chacun de vous, d'un tel geste.

Définir tes limites et les affirmer, c'est prendre la responsabilité de ton espace vital et en rester le garant, mais c'est également rendre sa responsabilité à autrui sur son propre espace.

Ensuite, dans les interactions que tu as identifiées avec l'autre, détermine si tu es dans le mutualisme, le commensalisme ou le parasitisme, et ajuste ton comportement

Je n'aime pas que quelqu'un entre dans mon moi, mon intimité. Je ne veux pas dévoiler mes failles pour avoir du pouvoir sur l'autre, pour qu'il ne me dérange pas. Ne pas montrer mes faiblesses, Parce qu'il ne me comprendra jamais parce que je suis la seule à ressentir ce que je ressents et personne ne pourra jamais se mettre à ma place alors ça ne sert à rien d'aller m'explorer ou de m'ouvrir à quelqu'un. J'ai accepter, accueilli ce qui m'est arrivé et comme je suis obligé de vivre avec je ne veux montrer aucuns signes qui ferai remonté à la surface ce que j'ai mis tant d'années à enfouir.

LES SYSTÈMES PHYSIOLOGIQUES *rôles et symboliques*

Je ne sais pas s'il y a quelqu'un à l'origine de tout cela, mais le corps est fascinant de complexité et d'intelligence. Appréhender son fonctionnement force le respect et amène inévitablement à une forme de béatitude devant la beauté de la chose.

Notre organisme est un centre de traitement de l'information physiologique, émotionnelle et mentale ; tout élément incohérent ou non traité s'imprimera en lui et créera du symptôme. C'est la base de l'approche somato-émotionnelle. Résorber un symptôme physique implique donc d'en explorer aussi le pendant psycho-émotionnel.

Nous allons aborder chacun de tes systèmes du point de vue physiologique et symbolique. Cela te permettra d'acquérir une grille de lecture à la fois anatomique et psycho-émotionnelle de ce qui se passe sous ton enveloppe de chair et de sang, et de comprendre comment l'âme s'exprime dans la matière.

SYSTÈME NERVEUX

Le système nerveux, c'est le grand chef, le circuit primordial qui fait circuler l'information. Il est un peu complexe mais essentiel, c'est à cause de ses fonctions automatiques que l'on peut parler de « somatisation », donc de « messages subtils » du corps. Ça vaut le coup qu'on s'y attarde. Alors, on commence par le plus dur ; tu vas voir, ce n'est pas si compliqué.

Composition

Le système nerveux est composé du système nerveux central et du système nerveux périphérique.

Le système nerveux central comprend le cerveau, ou encéphale, et la moelle épinière.

Le système nerveux périphérique est divisé en deux parties, le système nerveux somatique et le système nerveux autonome, soit volontaire et involontaire. Le système nerveux autonome est lui aussi subdivisé en deux branches : sympathique et parasympathique.

Le système nerveux central

Le cerveau est constitué de trois structures :

- Le tronc cérébral, ou cerveau reptilien, le plus bas et le plus profond, gouverne les fonctions automatiques relatives à la survie. C'est lui qui est en lien avec les nerfs crâniens de la moelle épinière.

- Le cerveau limbique, qui gère les émotions, est chargé de la mémoire, de l'apprentissage, du comportement grégaire.

- Le cortex, ou néocortex, est le cerveau rationnel, siège de la logique et du raisonnement analytique.

- On distingue les hémisphères droit et gauche, qui dirigent les parties opposées du corps : le droit contrôle la moitié gauche de l'organisme et inversement. Le cerveau est protégé par la boîte crânienne et le liquide céphalo-rachidien.

- La moelle épinière, elle, est un ensemble de tissus qui prolongent le tronc cérébral jusqu'aux lombaires. Elle est composée de faisceaux de fibres nerveuses afférentes (qui reçoivent l'information) et efférentes (qui la transmettent). Elle véhicule les messages nerveux entre le cerveau et le reste du corps. Elle est bien à l'abri du canal rachidien, dans la colonne vertébrale.

À partir de la colonne, la moelle épinière se divise en plexus nerveux, puis en nerfs périphériques.

On compte douze paires de nerfs crâniens, directement reliés à l'encéphale, et trente et une paires de nerfs rachidiens en contact avec la moelle épinière, qui assurent la communication avec les organes des sens, les parties motrices et les organes végétatifs (cœur, muscles lisses, glandes).

Le système nerveux périphérique

Le système nerveux somatique innerve les organes sensoriels (par le biais des nerfs sensoriels) et les organes moteurs (par l'intermédiaire des nerfs moteurs).

Le système nerveux parasympathique comprend une partie des nerfs crâniens et sacraux (pelviens).

Le système nerveux sympathique est composé de ganglions reliés à la moelle épinière, dont les neurones vont innerver les divers organes.

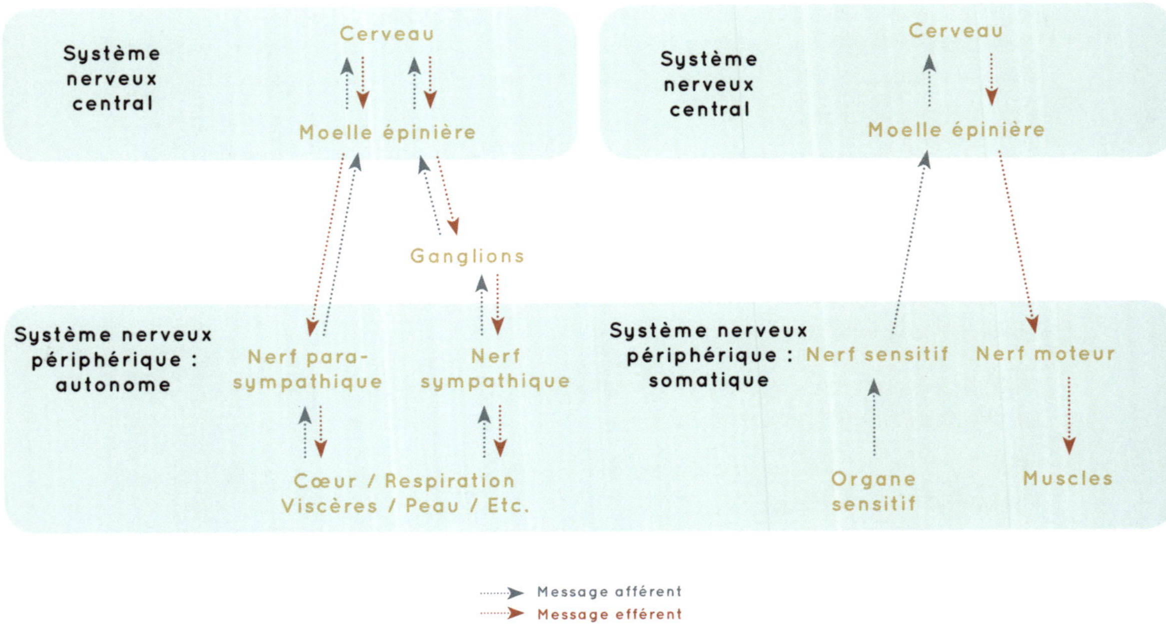

Fonctions

Le système nerveux central

Le cerveau est le centre de commande, il reçoit les informations en provenance de la moelle épinière, les traite et transmet la réponse appropriée afin de maintenir l'équilibre et de réagir.

La moelle épinière est un système de relais qui achemine les informations sensorielles et motrices entre les nerfs périphériques et le cerveau.

Le système nerveux périphérique

D'une façon générale, le système nerveux périphérique fait transiter l'information entre les organes et le système nerveux central.

Le système nerveux somatique commande les organes moteurs et reçoit les perceptions des organes des sens. Il permet le mouvement, gouverne la position du corps et assure l'interaction avec l'environnement.

Le système nerveux autonome gère les fonctions automatiques comme la digestion, le rythme cardiaque, la respiration… Le sympathique accélère ces fonctions, tandis que le parasympathique les ralentit.

Symbolique

Le système nerveux central

Le cerveau : on attribue traditionnellement à l'hémisphère gauche du cerveau les fonctions de logique et la raison, et à l'hémisphère droit, l'intuition et la créativité, ces caractéristiques étant symboliquement conférées aux moitiés opposées dans le corps.

Le cerveau pointe ton rapport au pragmatisme et à l'émotionnel, l'équilibre que tu permets entre le contrôle et la créativité, l'un ou l'autre cherchant à dominer.

La moelle épinière : elle fait le lien entre tes mondes physique et matériel, les informations du corps organique et la partie plus subtile de l'être dans le cortex, la conscience, la raison et l'intuition. Elle nous indique notre (in)capacité à connecter le monde de l'esprit et le monde de la matière et est associée à notre façon de nous mettre en action dans le monde.

Le système nerveux périphérique

Les nerfs périphériques sont les voies de communication principales de l'organisme, ils reflètent ta posture face au traitement de l'information, le fait que celle-ci circule librement ou que tu sois en surcharge. Ils sont également le lien entre la perception et son interprétation, la partie subtile du traitement de l'information, propre au ressenti sensible. Ils transportent l'information brute pour la rendre tangible, ils manifestent ton rapport au réel.

Les nerfs du système somatique sont ceux qui te maintiennent en interaction avec ton environnement en dirigeant le système locomoteur. Ils révèlent ton attitude face à l'environnement, si tu as tendance à t'y intégrer, à le fuir, à être en état de vigilance ou d'accueil.

Les nerfs du système autonome, eux, vont régir les fonctions automatiques, essentielles à la survie, tout ce qui fonctionne sans ta volonté. Ils sont en lien avec ta vie et ton rythme intérieurs. Comment acceptes-tu ce qui se passe hors de ta conscience, hors de ton contrôle ?

Bon à savoir

Le message qui traverse le système nerveux peut être de deux natures : électrique et chimique. Dans le cas d'un message chimique, les molécules qui transmettent l'information sont appelées « neurotransmetteurs ».

La nature des neurotransmetteurs émis est relative à la nature du signal ; ainsi, certains de ces médiateurs provoquent des états d'alerte et d'autres, des états d'apaisement. Les neurotransmetteurs sont aussi à l'origine de l'humeur.

Un nerf est composé d'axones (prolongements des neurones) groupés en faisceaux et reliés par des synapses. Un nerf est donc un ensemble de fibres qui communiquent entre elles.

Énergétique

Le système nerveux est en lien avec le chakra du troisième œil, et le cerveau, plus particulièrement avec le chakra coronal.

Le troisième œil est le centre de la vision subtile, de la claire-sentience des choses, il est le siège de l'intuition, de la compréhension éthérée, ce qui s'entend, puisque les nerfs sont les premiers points de ressenti du monde et de soi-même. Ce chakra te connecte à la sensation pure et subtile, comme tes nerfs le font.

Le coronal, quant à lui, est le centre de la conscience, il est relatif à la vie spirituelle et à l'ouverture du champ de perception, à la compréhension globale et omnisciente de l'Univers. Comme le cerveau ouvre à la compréhension des signaux qu'il reçoit et comme il construit le réel à partir de la perception sensible, le coronal te met en lien avec une réalité éthérée.

Pratique

Le meilleur vecteur d'apaisement et de décharge du système nerveux est la méditation. Alors, je t'offre une méditation guidée toute douce. Installe-toi confortablement et scanne le code.

SYSTÈME SQUELETTIQUE

Composition

Le squelette adulte compte deux cent six os. Eh oui, ça fait un paquet de fractures possibles !

Les os sont composés de matière organique et minérale, ils sont aussi bien spongieux que compacts.

On distingue d'une part le squelette axial : le crâne, la colonne vertébrale et la cage thoracique. Comme son nom l'indique, c'est cette partie de l'ossature qui te donne ton axe, mais surtout, c'est elle qui protège ce qu'il y a de plus précieux : le cerveau, la moelle épinière, les poumons, le cœur.

D'autre part, on a les appendices, soit les ceintures scapulaire et pelvienne (les épaules et le bassin) et les membres supérieurs et inférieurs, qui te permettent le mouvement.

Les os sont reliés entre eux dans les articulations par les ligaments.

Tu as donc l'axe et l'action.

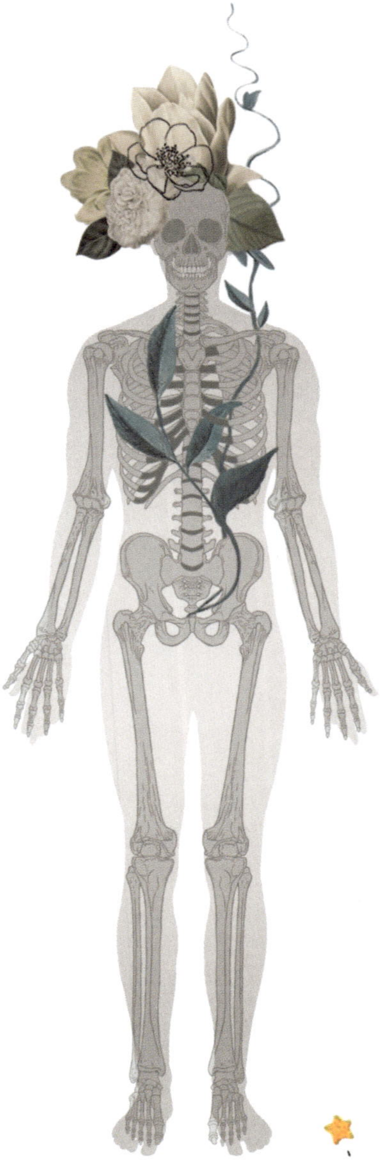

Fonctions

Le soutien : l'ossature est la charpente qui assure la tenue du corps. Les tissus mous et les organes s'y accrochent, afin d'éviter que tu ne ressembles à une flaque d'organes.

La protection : le squelette axial et la ceinture pelvienne (le bassin) protègent les organes vitaux, c'est quand même bien fait.

Le mouvement : les os sont les leviers sur lesquels agit la contraction des muscles.

L'hématopoïèse : les os sont aussi le lieu de production des cellules sanguines, cette usine vitale est donc bien à l'abri de ta structure osseuse.

Le stockage d'éléments minéraux et d'énergie : les os peuvent accumuler de faibles quantités d'éléments nutritifs et constituer ainsi une réserve d'énergie pour le corps.

Symbolique

On peut lire le squelette à de nombreux niveaux. Voici quelques pistes pour comprendre les maux des os.

La colonne et les organes

À partir des vertèbres, le système nerveux devient périphérique et les nerfs se subdivisent en plexus qui vont innerver les différents organes (voir la section précédente). Ainsi, il est possible de mettre en lien la colonne vertébrale et les organes, les glandes. Ce degré de lecture peut se révéler fort intéressant : quand tu es face à un mal de dos persistant, celui-ci peut, par exemple, être simplement dû à des reflux gastriques. Dans le cas de ce type de corrélations, tu peux questionner la symbolique de l'organe et apporter les ajustements nécessaires tant sur le plan physiologique que du point de vue psycho-émotionnel.

La colonne et les émotions

Tout comme les organes et les émotions sont susceptibles d'être mis en correspondance – notamment en médecine traditionnelle chinoise –, une relation peut être établie entre la colonne vertébrale et les émotions. Roger Fiammetti en a dressé une carte dans son ouvrage le *Langage émotionnel du corps*[8] que je t'invite à consulter.

Les articulations

Les articulations sont les structures qui te permettent de te mettre en mouvement dans une direction déterminée. Elles sont ta mobilité, ta flexibilité face à la vie. Chacune a sa symbolique en fonction de son emplacement et du type de geste qu'elle autorise ou empêche.

Voyons les principales.

L'épaule est la première d'une série d'articulations qui sous-tendent le passage à l'action, au faire. Elle symbolise ton désir d'agir, elle est le support de l'action. Elle est aussi en lien direct avec le haut du dos, où tu portes toutes tes charges. Enfin, par sa localisation juste à la base du cou, elle met en relation la tête et le corps, l'esprit (le subtil) et la matière (le réel), le conscient et le non-conscient. D'ailleurs, c'est bien par l'action que tu fais descendre l'esprit dans la matière.

Le coude est l'articulation supérieure qui facilite les choix et les changements de direction, comme le genou pour les membres inférieurs. On est sur la ligne des articulations de l'action : il te parle donc de ta faculté de corriger ton cap dans les actions que tu mènes et de ton adaptabilité dans celles-ci.

Le poignet est la dernière articulation de la ligne de l'action, il traduit ta capacité à faire la différence entre tenir bon et forcer, à trouver le juste milieu entre résister et lâcher prise.

La hanche te permet de propulser tes jambes. Elle est le symbole de ta capacité à aller de l'avant, à te mettre en marche ; elle symbolise en outre ton rapport à tes appuis extérieurs et intérieurs. La hanche est également le lieu de tes doutes et de tes indécisions quant au passage à l'action. Elle est le centre de ton ancrage, le carrefour de tes croyances.

Le genou est l'articulation de la relation, on l'entend comme « je-nous ». Mais il ne s'agit pas seulement de ton rapport à l'autre, c'est aussi la manière dont tu t'autorises à être pleinement toi-même. Dans le contact avec autrui, il y a les notions d'acceptation et de soumission ; en effet, c'est en fléchissant cette articulation que tu te mets à genoux, que tu obtempères, mais que tu fais également preuve de flexibilité. Enfin, plier le genou est un signe d'humilité, qui marque ta propension à lâcher…

La cheville est une articulation qui te permet de choisir la direction dans laquelle tu avances. Elle symbolise ta capacité ou ton incapacité à prendre une décision, mais aussi ta posture à l'égard de ce choix. Tu peux te blesser à la cheville alors que tu es incapable de t'engager dans une voie juste ou alors que tu te sens, par exemple, coupable d'avoir opté pour cette orientation. D'autre part, la cheville est le point d'appui dynamique du corps, elle capte les changements dans le sol, c'est par elle que tu t'adaptes aux transformations.

D'après Michel Odoul, dans son ouvrage *Dis-moi où tu as mal, je te dirai pourquoi*[9], les articulations sont des portes de libération ou d'intégration de l'information, selon que celle-ci circule dans le sens du non-conscient vers le conscient (libération) ou du conscient vers le non-conscient (intégration).

Bon à savoir

La capacité des os de se réparer, notamment en cas de fracture, est la démonstration la plus évidente de la faculté d'auto-guérison du corps. L'os se reconstitue naturellement en quatre mois environ, grâce à deux types de cellules : l'ostéoclaste qui ronge le tissu osseux usé et l'ostéoblaste qui fabrique une matrice toute neuve.

Ce phénomène de régénération ne vaut pas que pour les os ; d'une façon générale, toutes les cellules du corps se renouvellent à un rythme différent en fonction de leur nature. Cela implique que la plupart sont plus jeunes que toi…

Énergétique

Le système squelettique est en lien avec le chakra de base, le centre racine. Point d'ancrage dans la matière, celui-ci symbolise ton incarnation et ton rapport au concret. Il appelle toutes les questions relatives à ta structure, à la matérialité, à l'argent, au travail, à la hiérarchie… Il est la réalité brute et la sécurité. En tant qu'origine de ta vie incarnée, il est aussi corrélé à tes ancêtres, à tes parents et aux lignées dont tu es issu.

Pratique

Pour conserver leur souplesse, les articulations ont besoin d'être mobilisées quotidiennement, c'est essentiel au maintien de leur mécanique bien huilée.

Tu peux donc prendre quelques minutes chaque matin, afin de les solliciter une à une dans toutes les directions qu'elles offrent.

Plie et déplie tes orteils, fais tourner tes chevilles et tes genoux. Puis procède de même avec ton bassin, étire ta colonne vers le haut et fais le dos rond suivi du dos creux, fais le moulin avec tes épaules dans les deux sens, fais pivoter tes coudes et tes poignets et plie et déplie tes doigts.

En somme, fais le chat cinq minutes chaque matin, et ton squelette t'en remerciera.

SYSTÈME MUSCULAIRE

Composition

Le corps compte plus de six cents muscles qui s'organisent en couches superposées, de la plus profonde à la plus superficielle. Tu relativises tes courbatures ? Imagine les six cents qui travaillent en même temps...

Les muscles s'insèrent sur les os grâce aux tendons ; ils sont composés de fibres groupées en faisceaux.

On distingue les muscles striés, ou squelettiques, qui sont ceux de la mobilité et du contrôle de la posture. Ils se contractent sous l'impulsion du système nerveux somatique et interviennent dans les mouvements réflexes et volontaires. Les muscles lisses, qui tapissent les parois des organes creux, tels que les vaisseaux sanguins, l'estomac, les intestins ou la vessie, se contractent beaucoup plus lentement que les précédents, mais plus longtemps et sous l'effet du système nerveux autonome, soit hors de ta volonté. Et enfin, à part, on a le muscle cardiaque.

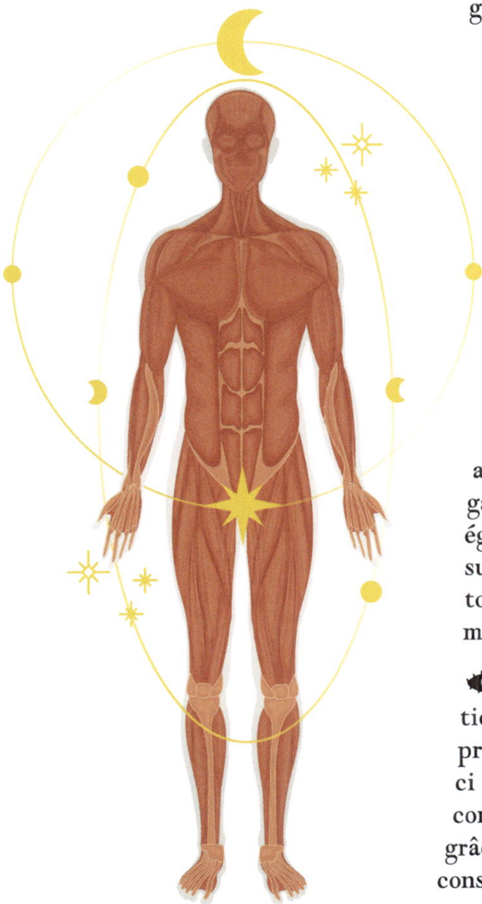

Fonctions

- Mouvement : les muscles permettent la mobilité du corps dans son entier, comme dans la marche ou la course, aussi bien que le mouvement interne des organes (respiration, digestion, etc.). Ils sont également les vecteurs de manifestations plus subtiles comme celles de l'expression. Depuis ton joli sourire jusqu'à ton sprint, ce sont tes muscles qui agissent.

- Production de chaleur : les muscles participent à la thermogenèse, c'est-à-dire à la production de chaleur par l'organisme. Celle-ci est à la fois métabolique, par le biais de la consommation des nutriments, et dynamique, grâce à l'activité physique. Se bouger, c'est donc consommer de l'énergie mais aussi se réchauffer, ce qui est essentiel, car le corps a besoin d'une température constante de 36,5 à 37,5 °C.

Soutien et posture : c'est la musculature qui permet au squelette de se tenir, elle soutient le corps et maintient également les organes en place.

Symbolique

Le muscle se contracte de façon volontaire ou réflexe en réponse à une stimulation, il symbolise donc la façon dont nous réagissons aux stimuli extérieurs, dont nous nous positionnons, dont nous nous engageons face à ce que nous vivons. Il produit également une force, il sous-tend ainsi notre motivation et notre capacité d'engagement. L'état de la musculature sera relatif à la manière dont la personne fait agir sa volonté. Attention, la musculature n'a rien à voir avec la corpulence, une personne corpulente peut avoir une musculature développée.

Le tendon, quant à lui, en tant que point d'accroche du muscle sur l'os, est ce qui lie. De ce fait, il représente tout naturellement nos liens et nos engagements envers nous-mêmes, envers autrui et envers les situations que nous rencontrons.

Le système musculaire vient soutenir le corps, maintenir et adapter notre posture. Celle-ci est la façon dont nous nous tenons dans la vie et face à autrui ; elle est symbolique de ce qui vit en dedans et de l'accueil que nous réservons à ce qui est au-dehors. Le décodage de la posture donne des éléments précieux de compréhension de soi et de l'autre.

Dans la communication, 7 % des échanges se feraient par des mots, 38 % par le ton de la voix et 55 % par le langage du corps[10]. Voici quelques éléments de décodage…

Position de la tête

Penchée en avant : cette attitude indique qu'on se place en retrait. En inclinant la tête vers l'avant, on réduit son champ de vision et on se coupe de la situation, dans un mouvement tourné vers l'intérieur. Attention à ne pas te regarder le nombril…

Penchée en arrière : cela dénote une mise à distance par rapport à la situation. En renversant la tête, on ouvre son champ de perception. Il est parfois bon de prendre un peu de recul pour mieux considérer les choses…

Inclinée à droite : cette posture traduit un état de vigilance ; cela peut être le signe d'une attention soutenue et, lorsque la tête est très penchée, cela peut indiquer une forme de rigidité.

Inclinée à gauche : cela peut être le signe d'un état de détente, d'une confiance accordée. Si la tête est très penchée, cela peut manifester une forme de soumission.

Position des bras

Le long du corps : c'est un signe d'ouverture et d'alignement. Tu adoptes cette posture quand tu te sens à l'aise, sans rien à cacher ni à prouver.

Croisés dans le dos : cette position témoigne d'un désir de couper tout contact physique. La personne ne veut être ni touchée ni même approchée. Ce message de mise à l'écart peut aller jusqu'à signifier : « On n'est pas du même rang. »

Croisés sur le devant : les bras croisés devant soi sont souvent vus comme une défense ou une façon de s'isoler, de lever un obstacle entre soi et l'autre. Cela s'entend et peut être juste dans certaines situations ; néanmoins, c'est aussi un auto-câlin, une façon de se sécuriser, de s'apporter de la douceur ou de se témoigner de la gratification.

Position des mains

Posées à plat : les mains sont naturellement mises en mouvement par la sphère émotionnelle et le cerveau limbique. Des mains immobiles et posées à plat impliquent que la personne exerce un contrôle sur sa posture ; à défaut d'être en train de mentir, du moins se coupe-t-elle de ses émotions. Des mains figées ne sont pas naturelles… cela doit attirer ta vigilance…

Croisées, main gauche sur main droite : la partie gauche du corps est dirigée par le cerveau droit, soit celui de l'intuition et de la créativité. La main gauche posée sur la droite indique que la personne favorise son intuition dans l'échange.

Croisées, main droite sur main gauche : la partie droite du corps est dirigée par le cerveau gauche, soit celui de la raison et de la logique. La main droite posée sur la gauche montre que la personne active sa capacité de raisonnement afin de comprendre ou de contrôler l'intuition.

Actives : le mouvement des mains accompagne la pensée et les sentiments, il est une illustration extérieure de la vie intérieure de l'être. Il traduit l'implication de la personne dans ses propos. Les gestes décodés avec précision peuvent donner des informations précieuses sur ce que ton interlocuteur pense de ce qu'il est en train de dire. Cela t'indique aussi son état de cohérence ou d'incohérence. Parfois, les mains en font un peu trop…

Immobiles : des mains qui s'immobilisent attestent un changement dans l'état intérieur de la personne, une pensée qui se modifie ou se construit. Elles doivent attirer l'attention, il se passe quelque chose pour celui qui s'exprime.

Position du tronc

Dos droit : le dos droit dénote ancrage, confiance et sécurité. La personne est bien dans son axe et sûre d'elle, à sa place entre ciel et terre et face à toi.

Voûté : une personne courbée vers l'avant porte probablement beaucoup sur son dos. C'est bateau, mais observe et tu verras que, souvent, tu te voûtes quand le poids des choses est trop important. Essaie alors de te soulager un peu et de rendre à autrui ce qui lui appartient, par exemple.

Thorax ouvert : la poitrine ouverte, torse bombé, montre que la personne s'impose, se gonfle. Cela implique une posture égocentrique qui cherche à dominer. Attention au coq…

Penché à droite : l'inclinaison du torse traduit le fait qu'un côté prend le pas sur l'autre. S'il est penché vers la droite, épaule gauche surélevée, c'est que le côté gauche prend le dessus, donc que l'intuition domine la raison.

Penché à gauche : lorsque, au contraire, l'épaule droite domine, le côté droit prévaut, et la raison supplante l'intuition.

Penché en avant : cette posture dénote que la personne vient vers toi, qu'elle montre son intérêt.

Position des jambes et des pieds

Jambes jointes et pieds à plat sur le sol : jointes dans l'alignement du bassin, les jambes sont alors dans la continuité de l'axe de la colonne et indiquent un appui solide de la personne en elle-même et dans la vie. Les pieds à plat sont le signe d'un ancrage sûr. Cette attitude exprime la sécurité intérieure.

Jambes ouvertes : le fameux manspreading révèle un désir de s'imposer, d'occuper l'espace, d'autant que cette posture expose les parties génitales, c'est-à-dire le pouvoir sexuel que l'autre peut vouloir affirmer. Un échange sain permet à chacun de trouver sa juste place… À toi de prendre celle qui te revient.

Jambes croisées, gauche sur droite : comme pour le reste du corps, les croisements indiquent qu'un côté prédomine. La jambe gauche couvrant la droite souligne que l'intuition l'emporte sur la raison.

Jambes croisées, droite sur gauche : la jambe droite couvrant la gauche indique que la raison prime sur l'intuition.

Jambes et pieds immobiles : l'inactivité des membres inférieurs montre que la personne est dans la situation et à l'écoute. La jambe, qui assure le mouvement, permet de s'échapper d'où l'on est. Lorsqu'elle demeure immobile, la personne valide donc l'endroit où elle se tient, confortant sa présence ici et maintenant.

Jambes et pieds agités : l'excitation dans les membres inférieurs met tout autant en lumière l'angoisse et l'insécurité que l'agacement. Ce sont la situation et le reste du corps qui permettront de trancher. En tout cas, un mouvement « incontrôlé » est le signe que la personne n'est pas vraiment là ou que sa vie intérieure est en désaccord avec ce qu'elle affiche.

Bon à savoir

La mobilisation de ton système musculaire – le sport, eh oui, on y vient – favorise la production des hormones du bonheur que sont les endorphines. À travers l'activité physique, le corps sécrète ces substances qui, en premier lieu, servent d'antalgiques et d'anesthésiants, permettant l'effort, sans quoi la contraction musculaire serait insupportable. Ensuite, ces hormones sont anxiolytiques et provoquent l'extase, procurant un sentiment de puissance.

Vingt minutes d'exercices suffisent à obtenir un état de bien-être et ces effets se prolongent jusqu'à six heures[II]. Alors, puisque ton corps fabrique une morphine naturelle qui te fait planer longtemps pour un effort si bref, pourquoi t'en priver ?

Énergétique

Le centre racine est en lien à la fois avec le système squelettique et le système musculaire, tous deux étant les garants de ta structure, de ton ancrage dans la vie et la matière, qui rendent possible ton positionnement dans l'environnement. C'est dans ce centre que tu t'incarnes et que tu te meus dans cette incarnation. Ton système musculo-squelettique te permet de prendre forme. Dans le chakra racine, tu trouveras toutes les symboliques qui te lient à ta matérialité – argent, travail, alimentation –, mais aussi les problématiques familiales et la filiation.

Pratique

Une grande part des problèmes ostéo-articulaires sont dus à une mauvaise posture ou, du moins, entretenus par celle-ci. La posture est la façon dont nous nous présentons et dont nous faisons face à la vie et à autrui.

Je te propose, pour quelques jours, de redevenir conscient de la manière dont tu te tiens et de te corriger si besoin est. Redresse ton dos, contracte tes abdos afin de te maintenir, aligne tes épaules, ancre-toi dans ton bassin. Analyse la façon dont cela agit, ce que cela provoque en toi. Comment te sens-tu lorsque tu parles en gardant le torse droit ? Comment avances-tu quand tu es ancré dans tes hanches ?...

Note tes observations.

SYSTÈME URINAIRE

Composition

Le système urinaire se compose en premier lieu des reins, reliés à la vessie par les uretères. L'urètre, le conduit excréteur par lequel l'urine est expulsée du corps, passe chez l'homme le long du pénis et s'ouvre dans la vulve chez la femme.

Les reins sont dotés des glandes médullo- et corticosurrénales, qui font partie du système endocrinien.

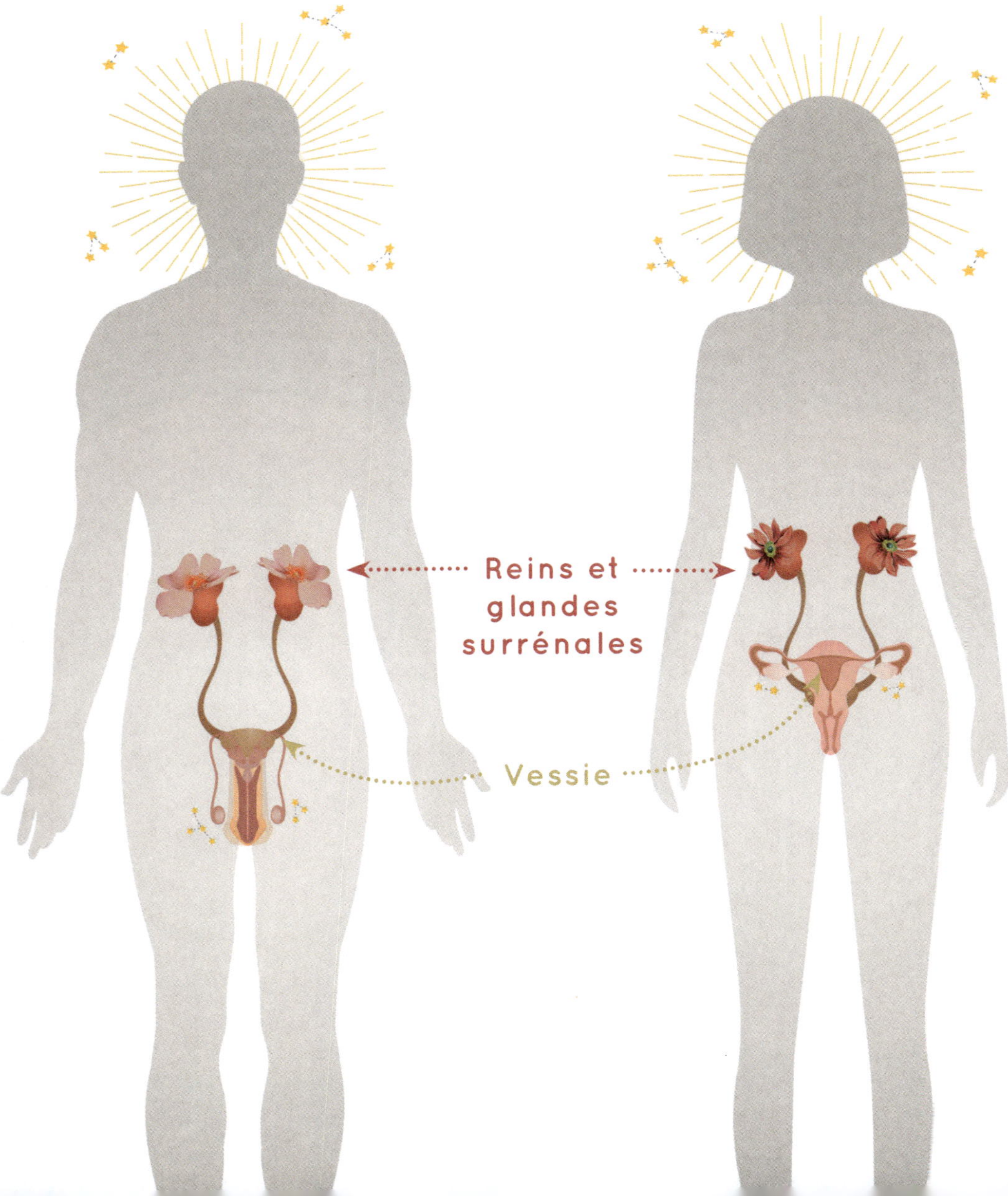

Fonctions

Les reins ont la charge d'éliminer les déchets produits par l'organisme et transportés dans le sang. Ils filtrent ce dernier, afin d'en extraire les résidus métaboliques et les toxines pour les évacuer vers la vessie par l'urine.

Ils assurent également l'équilibre hydrominéral du corps en lui permettant de maintenir la quantité d'eau nécessaire à son bon fonctionnement – n'oublie pas que l'eau lui est vitale, elle a plutôt intérêt à être clean. Ce faisant, ils régulent les sels minéraux de l'organisme et l'équilibre acido-basique du sang.

En somme, tes reins sont un peu la station d'épuration du corps, ils sont essentiels…

Les glandes surrénales n'ont pas d'impact direct sur le système urinaire. Néanmoins, elles sont logées sur les reins ; donc, touchons-en deux mots.

Les médullosurrénales sécrètent l'adrénaline et la noradrénaline permettant les réflexes de combat et de fuite. Les corticosurrénales synthétisent les corticoïdes qui réagissent à l'inflammation et à l'intensité émotionnelle. On y reviendra dans le système endocrinien.

La vessie reçoit et stocke l'urine produite par les reins. Elle est le dernier stade de l'élimination et prévient toute intoxication de l'organisme.

Symbolique

On retrouve dans les reins les émotions de peur et d'insécurité. Ils nous indiquent notre difficulté à lâcher sur les habitudes et les vieux schémas, notre résistance au changement, notre refus d'abandonner nos croyances. C'est en eux que se cristallisent le passé, l'ancien et la mémoire transgénérationnelle.

Ces résistances constituent autant de freins dans la recherche de la stabilité et la prise de décision. Les reins sont des filtres, ils symbolisent donc ta capacité ou ton incapacité à trier ce qui est devenu toxique pour toi.

On distingue le rein gauche, qui représente l'agressivité, la défense et l'activité, du rein droit, qui incarne la passivité, l'écoute et la fuite.

La vessie sert à éliminer ; au même titre que les reins, elle symbolise notre difficulté à évacuer les vieilles mémoires, les croyances, les habitudes, les émotions, notre résistance à nous détourner de ce qui est toxique, au risque de nous intoxiquer.

On lui attribue la crainte de lâcher prise, l'appréhension face aux transformations. Elle se remplit jusqu'à un seuil au-delà duquel elle déborde. Est-ce que tu te contiens jusqu'à exploser ? Ou est-ce que tu sais relâcher à mesure ?

Bon à savoir

L'équipe du Dr Emoto, au Japon, a travaillé sur la mémoire de l'eau. D'après les expériences menées, il semble que la structure des molécules d'eau se modifie sous l'effet des émotions et des intentions auxquelles celle-ci est exposée : un échantillon d'eau soumis à des intentions d'amour verrait sa structure se déployer, tandis qu'une eau confrontée à des intentions de haine deviendrait structurellement chaotique. Les cristaux d'eau s'organiseraient ainsi en interaction avec la charge émotionnelle en présence. Si l'eau conserve bel et bien cette mémoire et qu'elle adapte sa configuration en fonction, quel impact tes émotions et ton dialogue intérieur ont-ils sur ton corps ?...

Énergétique

Le système d'élimination est en lien avec le chakra sacré, situé en dessous du nombril. Symboliquement, ce centre énergétique pointe la notion de créativité et questionne la place du plaisir dans l'existence et dans l'être, mais il aborde aussi les thématiques de l'action juste dans l'incarnation, de la juste place et de l'équilibre en soi. Le centre sacré t'invite à évaluer la façon dont tu t'accordes de la place dans ta vie, dont tu traites ce qui t'encombre ou te pollue à la faveur de la satisfaction.

Pour information le corps est composé d'environ 60% d'eau, en voici la répartition :

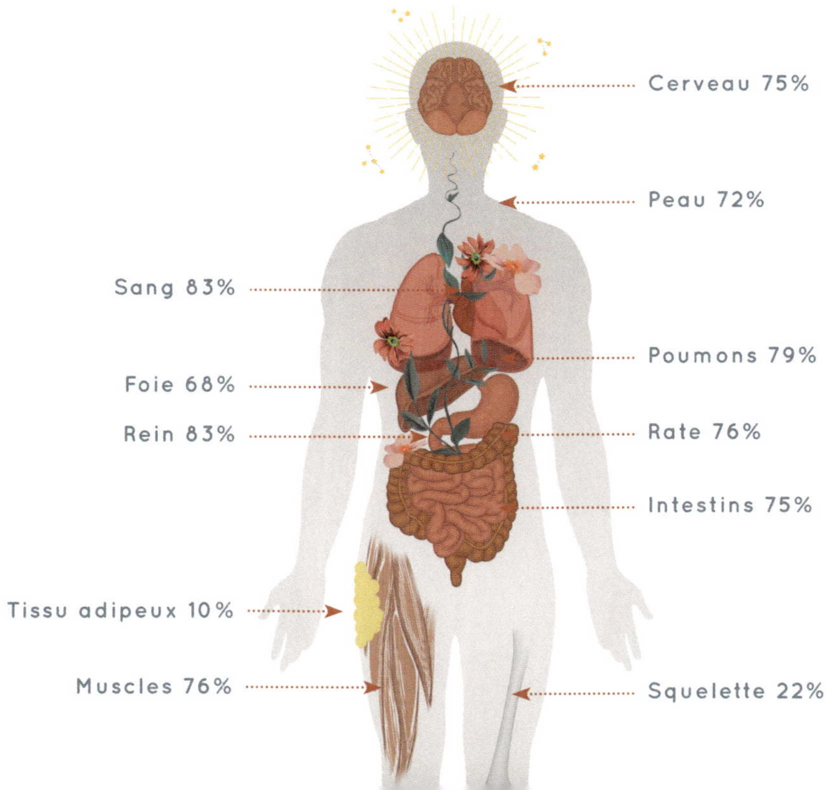

Pratique

Le système d'élimination représente ta capacité à filtrer les expériences, à te dégager de ce qui n'est plus nécessaire. Je te convie donc à prendre un temps en fin de journée pour porter ton attention sur les choses, les événements, les paroles qui t'ont atteint, pollué… et te demander comment tu les as traités. Les as-tu avalés avant de mettre ton mouchoir par-dessus ou as-tu su les exprimer et les évacuer ?… Dans le cas où tu n'aurais pas fait le travail de filtrage, je te propose de te libérer de ce qui t'a affecté. Tu peux écrire, par exemple, ou pratiquer un sport…

D'autre part, puisque tes émotions et ton dialogue intérieur sont susceptibles d'avoir un impact sur la structure de l'eau qui te constitue, je t'invite à observer la manière dont tu t'adresses à toi-même et à prendre conscience que cela a une incidence directe sur la façon dont ton corps se compose et se recompose. Peut-être pourrais-tu faire preuve d'un peu d'indulgence et de bienveillance en tempérant ton propos… Tu peux pour cela utiliser les filtres de Socrate : demande-toi si ton jugement est vrai, bon, juste et utile, et adapte en fonction ton discours intérieur…

SYSTÈME REPRODUCTEUR

Composition

Tu es au courant que, chez l'homme et chez la femme, ça ne marche pas pareil… Pour être complémentaires, il faut bien que ce soit un peu différent. Chez les deux sexes, on distingue les organes internes des organes externes.

Chez la femme, les organes internes sont les ovaires, les trompes utérines (de Fallope), l'utérus et le vagin. L'organe externe est la vulve, qui comprend les petites et les grandes lèvres. Le clitoris, quant à lui, est à la fois interne et externe.

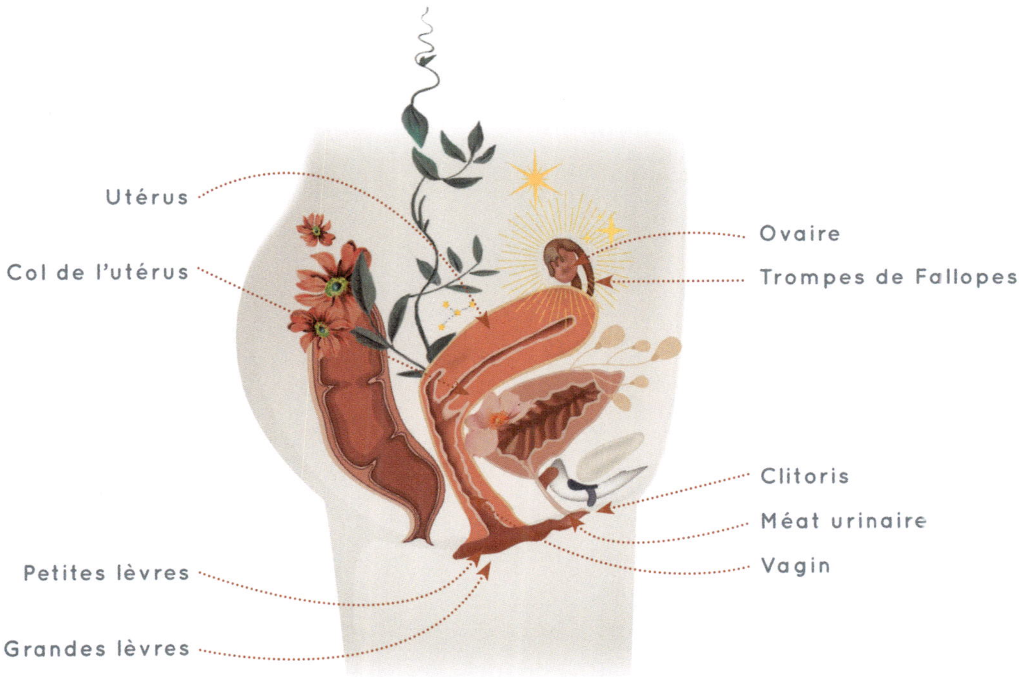

Chez l'homme, les organes externes sont le pénis et le scrotum qui protège les testicules. Les organes internes sont les testicules, les vésicules séminales et la prostate.

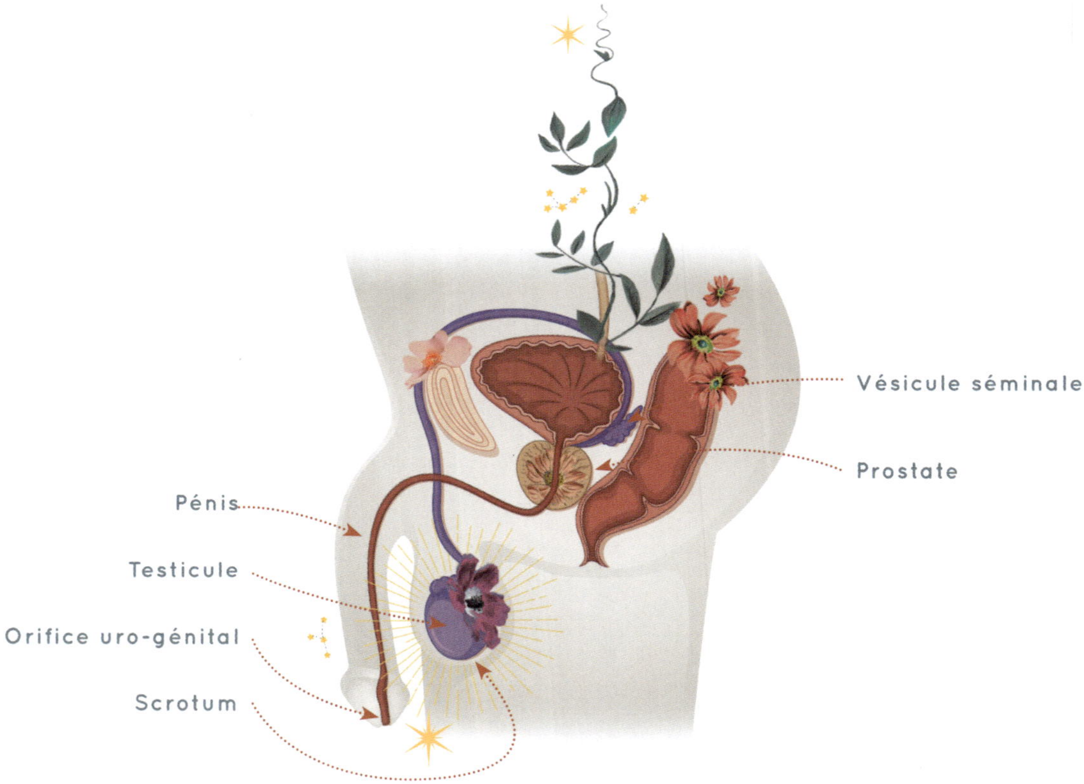

Fonctions

★ Chez la femme

Les ovaires, ou gonades féminines, contiennent les follicules dont un seul libère à chaque cycle un ovocyte fécondable qui migre vers l'utérus. Ils ont aussi une fonction endocrine en produisant les hormones sexuelles féminines (œstrogènes et progestérone) et, dans une moindre mesure, des hormones masculines, les androgènes. C'est grâce à eux que tu fais les montagnes russes dans tes émotions…

Les trompes de Fallope, reliées symétriquement à chacun des ovaires, sont les conduits qui recueillent l'ovocyte après l'ovulation et qui permettent sa circulation, lorsque celui-ci a été fécondé, jusqu'à l'utérus.

L'utérus est la matrice prévue pour accueillir l'embryon. Sa muqueuse, l'endomètre, se développe à chaque cycle pour favoriser une éventuelle nidation. En cas de non-fécondation, elle se détériore, provoquant les menstruations.

Le vagin est le canal qui relie l'utérus à l'extérieur du corps. Il permet la pénétration du pénis et l'accès des spermatozoïdes à l'ovocyte.

La vulve comprend les grandes et les petites lèvres, l'orifice vaginal, le clitoris et le méat urinaire. Les lèvres protègent le clitoris et l'entrée du vagin. Sous l'effet de l'excitation sexuelle, elles se gonflent et ouvrent l'orifice vaginal qui se dilate ; elles activent également les sécrétions vaginales et facilitent la pénétration.

Le clitoris est l'organe érectile de la femme. Il se remplit de sang et se distend sous l'effet de l'excitation, il est largement innervé et est impliqué dans le plaisir féminin.

Chez l'homme

Le pénis est l'organe érectile masculin. Composé du gland, du prépuce et de la verge, il permet l'évacuation de l'urine et l'éjaculation du sperme. Doté de multiples terminaisons nerveuses, il est l'organe responsable du plaisir masculin. Il est souple au repos, mais durcit et se dresse avec l'excitation pour rendre possible la pénétration.

Le scrotum est la couche de peau qui protège les glandes génitales. Divisé en deux parties contenant chacune un testicule, il maintient ces derniers à une température inférieure à celle du corps, condition nécessaire à la production de spermatozoïdes actifs.

Les testicules sont les gonades masculines. Ils sont le siège de la spermatogenèse, la formation des spermatozoïdes. Ils sont également responsables de la synthèse de la principale hormone sexuelle masculine, la testostérone.

Les vésicules séminales sécrètent 60 à 75 % du liquide séminal entrant dans la composition du sperme, qui permet aux spermatozoïdes de survivre dans le vagin et de s'y coaguler temporairement.

La prostate produit le liquide prostatique qui entre pour 20 % dans la composition du liquide séminal. Riche en zinc, le liquide prostatique participe au pouvoir fécondant des spermatozoïdes.

Symbolique

Chez la femme

Les ovaires déterminent l'identité sexuelle. Ils sont le symbole du féminin. C'est grâce à eux que nous pouvons concevoir la vie, ils sont donc en lien avec nos facultés de création et de procréation. Ils représentent notre capacité à accepter notre condition de femme et à prendre notre place en tant que telle.

Les trompes de Fallope sont le lieu de rencontre entre l'ovocyte et le spermatozoïde, l'endroit où s'unissent le féminin et le masculin pour générer la vie. Elles symbolisent notre disposition à accueillir le masculin en nous, qu'il soit extérieur ou qu'il renvoie à notre part masculine propre.

L'utérus est le lieu d'implantation de l'embryon. Il représente le cocon au sein duquel grandit la vie, le rapport au foyer et à la famille, mais aussi, dans un certain sens, la façon dont nous protégeons notre propre vie et notre capacité d'accueil.

Le vagin accueille le sexe masculin. Il symbolise notre rapport à la sexualité, notre posture face à l'autre sexe, dans la résistance et la force ou le lâcher-prise et la douceur. C'est à cet endroit que se crée le lien physique féminin-masculin, il représente donc notre manière de nous lier au sexe opposé.

La vulve est le point d'entrée vers les organes féminins internes. Elle représente la façon d'accueillir l'autre, la conduite adoptée vis-à-vis de lui. L'attendons-nous de pied ferme ou dans la douceur ?...

Le clitoris symbolise le pouvoir du féminin face à l'homme, notre capacité à nous approprier notre féminité et la liberté qui en découle. Il est également en lien avec la question plus générale du plaisir, la place que nous lui réservons et la manière dont nous nous l'accordons.

Chez l'homme

Le pénis est le principe masculin. Le sexe en érection est le symbole du pouvoir du mâle, donc de la façon dont il l'exerce dans sa toute-puissance, dans la justesse ou la culpabilité.

Le scrotum, par son rôle protecteur, maintient l'équilibre et la fertilité. Il nous parle de la faculté de l'homme de cultiver une certaine harmonie dans sa masculinité, de rester centré et créatif malgré les conditions extérieures.

Les testicules, lieu de production des gamètes masculins, sont en lien direct avec le pouvoir créateur de l'homme et sa capacité tant à donner la vie qu'à avoir une existence féconde.

Les vésicules séminales, ces glandes sécrétrices qui favorisent la fécondation, représentent le liant entre le potentiel pur et sa mise en action. Elles indiquent comment mettre en œuvre le pouvoir de création dans le rapport à l'autre.

La prostate, par son intervention dans la formation du sperme, nous parle du rapport à la fertilité tant sur le plan procréatif que d'un point de vue social et familial. Elle est le siège du sentiment d'impuissance.

Bon à savoir

Le cycle féminin se divise en quatre phases au cours desquelles le corps sécrète des hormones spécifiques, ce qui se ressent sur l'état d'être. Le désir de stabilité chez la femme est proportionnel à son impossibilité. La stabilité ne fait pas partie de ta physiologie en tant que femme. C'est une réalité qu'il te faut accepter ; tout est mouvant, tout le temps. Une fois que tu auras admis cette impermanence, tu pourras entreprendre de trouver des points d'équilibre et, surtout, de te positionner le plus justement possible en fonction de la phase dans laquelle tu te situes, en t'appuyant sur tes ressources en présence.

Tu peux comparer ton cycle aux saisons.

★ Hiver : les menstruations

Dans ton corps : même si tu as l'impression que c'est la fin du cycle, c'est en réalité le début, la première phase. Elle est variable selon les femmes et dure environ sept jours. C'est une remise à plat.

Ton corps s'est préparé à la fécondation, mais si celle-ci n'a pas eu lieu, l'endomètre se désagrège et s'évacue : ce sont les règles. Les œstrogènes et la progestérone sont en chute libre, ce qui provoque des changements d'humeur et des symptômes physiques plus ou moins difficiles.

Dans ton être : c'est un peu la période *fail*. Ton corps a travaillé dur pour accueillir un ovule fécondé et c'est raté, ton utérus hurle à l'échec et tu te sens déprimée. C'est le moment où tu vois un peu tout en noir. Tu as moins d'énergie et ton organisme tourne au ralenti.

Que faire ? Ton corps est en deuil. Ne cherche pas à lutter contre cet état, tu n'es physiologiquement pas en capacité d'entreprendre. Alors, accorde-toi de la douceur, cocoone-toi, fais-toi des câlins, accepte ce moment de ralentissement.

★ Printemps : la pré-ovulation

Dans ton corps : après le grand ménage des règles, ton corps se remet au boulot. Les taux d'œstrogènes repartent à la hausse, et ton énergie avec. L'endomètre se reconstruit et s'épaissit pour accueillir le prochain ovocyte en préparation dans les follicules. Cette phase dure environ sept jours.

Dans ton être : comme pour les arbres au printemps, ta sève remonte. Tu as envie de voir des gens, ton énergie se tourne vers l'extérieur, dynamisme et joie sont au rendez-vous. C'est une période effervescente et audacieuse.

Que faire ? C'est le bon moment pour entreprendre, planifier, structurer. L'esprit est clair et les émotions sont stables – il faut en profiter.

Été : l'ovulation

Dans ton corps : c'est la période fertile, l'ovocyte est prêt, il est expulsé du follicule mature et commence sa route dans les trompes. L'ovulation a lieu en général au 14e jour du cycle et cette phase dure environ sept jours, ce n'est pas mathématique, OK…

Dans ton être : c'est la phase superwoman, tu es au top, tu te sens canon, tout ton corps te crie : « Féconde-moi ! » Tu as envie de te faire jolie, de sortir, c'est le temps de la séduction ! Tu es prête à accueillir la vie, tu y portes donc ton attention, ton empathie est exacerbée, tu es disponible et pleine de compassion.

Que faire ? Fonce, lance-toi ! C'est le bon créneau pour créer des relations. Si tu veux un enfant, c'est maintenant ! Sinon, utilise cette période pour consolider ton réseau, c'est le moment du lien à l'autre.

Automne : post-ovulation

Dans ton corps : c'est le début soit du développement d'un embryon, soit de la destruction de l'ovocyte non fécondé. En cas de grossesse, la progestérone prend le relais pour terminer de préparer l'utérus. Cette phase dure environ sept jours également.

Dans ton être : c'est une période en double teinte. D'un côté, ton corps est en mesure d'accueillir la vie, tu es donc débordante d'énergie créative et, de l'autre, en cas de non-fécondation, il commence à comprendre que c'est fichu. D'un côté, tu as cette dynamique de récolter ; de l'autre, l'hésitation qui pointe : c'est un moment propice au doute et à l'impatience, tes émotions se mettent à faire le va-et-vient. C'est la phase à mes yeux la plus délicate, vraiment inconfortable émotionnellement.

Que faire ? Fiche-toi la paix ! Écoute-toi et, surtout, quand tu commences à douter, garde à l'esprit que c'est ton corps qui réagit à un processus physiologique, que tu ne perds rien de ta valeur. Laisse passer. Permets à tes émotions de circuler et de s'exprimer et, les jours où tu es créative, profites-en. C'est un moment où tu dois être attentive à ce qui vit en toi, au jour le jour.

Énergétique

Comme le système urinaire, le système reproducteur est en lien avec le chakra sacré. Ce centre est un réservoir d'énergie vitale essentiel, le *hara*, ou *dan tian*. Il est un lac d'énergie où se concentre la créativité de l'être, sa capacité à agir dans le monde à l'endroit juste. On y trouve bien évidemment le rapport à la sexualité et au plaisir charnel, mais aussi au plaisir tout court, que nous prenons et nous accordons dans la vie.

Pratique

Pour cette pratique, désolée, messieurs, je me concentre sur mes consœurs ; cependant, vous pouvez observer votre femme...

Si tu ne l'as pas déjà fait, penche-toi sur ton cycle. Apprends à en identifier les différentes phases, en commençant par le premier jour des règles, et à solliciter les potentialités et les activités propices à chaque période.

Cette connaissance est extrêmement importante, car elle te permettra, en tant que femme, de déculpabiliser et de connecter tes ressources. On en entend de toutes sortes sur notre féminité dès notre plus jeune âge. Mais ce n'est ni une tare ni une faute de naître femme. On le devient en revanche en prenant possession du pouvoir de notre féminin.

Tu ne sèmes pas dans ton jardin en hiver, eh bien, fais de même avec toi, apprends à te connaître, respecte-toi et valorise ce qui doit l'être dans le temps juste.

Plus tu auras conscience du matériau dont tu es constituée, plus tu pourras le transcender.

SYSTÈME DIGESTIF

Composition

Le système digestif se compose des organes propres à la digestion, à l'assimilation des nutriments et au trajet de la nourriture dans le corps, soit la bouche, l'œsophage, l'estomac, l'intestin grêle, le gros intestin (côlon), le rectum et l'anus.

Il comprend également les organes producteurs de la bile et des sucs digestifs nécessaires à la digestion, soit le foie, la vésicule biliaire et le pancréas.

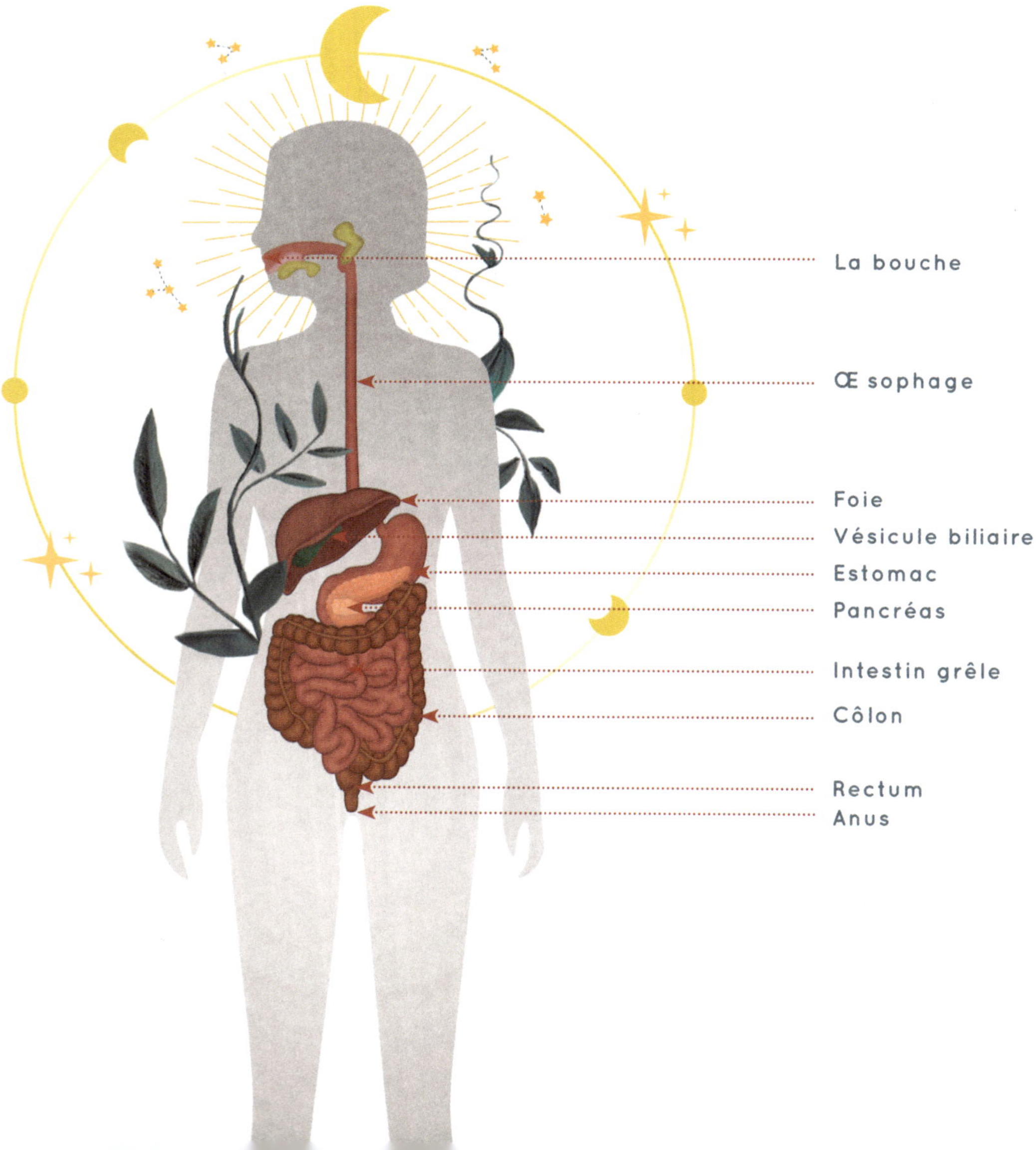

Fonctions

La bouche permet d'accueillir la nourriture et de procéder à sa première phase de transformation grâce à la mastication à l'aide des dents, de la langue et de la salive. Bien mâcher les aliments est essentiel à une bonne digestion.

L'œsophage est le conduit par lequel la nourriture transformée par la mastication descend jusqu'à l'estomac sous l'effet de la contraction des muscles lisses dont il est fait.

L'estomac reçoit les aliments bruts. C'est le premier réceptacle de la nourriture matérielle. Il est responsable du gros œuvre, il malaxe, mélange et dissout. Il prépare les aliments pour leur assimilation grâce aux sucs gastriques qu'il contient.

L'intestin grêle sécrète le suc intestinal nécessaire à la transformation des aliments en nutriments assimilables par l'organisme. Il permet leur absorption dans la circulation sanguine et la lymphe.

Le gros intestin (côlon) est l'éboueur, l'évacuateur. Il prépare l'élimination des déchets en dégradant les substances non absorbables et en réabsorbant l'eau, les sels minéraux et les vitamines. Ainsi, il évite l'engorgement, et l'intoxication de l'organisme. Il contribue à la bonne respiration du corps.

Le rectum est la partie finale du côlon, qui permet de stocker les matières fécales avant leur déjection.

L'anus est doté de deux sphincters qui régulent l'évacuation des excréments.

Le pancréas, situé dans l'abdomen, en profondeur derrière l'estomac, participe à la digestion par la sécrétion d'un suc riche en enzymes, déversé dans la première section de l'intestin grêle.

Le foie filtre le sang pour en extraire les substances issues de l'activité des organes du système digestif ; il participe aussi à la qualité et à la composition sanguines. Il stocke une grande quantité de nutriments et assure leur répartition au sein des tissus. Il synthétise la bile nécessaire à la digestion. Il est un centre d'épuration en détoxifiant l'organisme.

La vésicule biliaire recueille et concentre la bile produite par le foie avant de la rediriger vers l'intestin grêle.

Symbolique

La bouche permet d'accueillir les aliments, elle est l'ouverture à la nourriture sous toutes ses formes. Elle est aussi l'interface de la communication, c'est avec elle que l'on parle. Les maux buccaux te renvoient à ta capacité d'accueil et à te nourrir, autant qu'à ton rapport à l'expression.

L'œsophage représente notre capacité à laisser passer, à accueillir en nous ce qui vient nous nourrir de l'extérieur.

L'estomac symbolise notre tendance à ruminer les choses et les événements, notre difficulté à gérer ce que nous vivons. Il est la première phase de la digestion, il nous indique nos limites quant à ce que nous pouvons ou voulons digérer. Réceptacle de l'aliment brut, il est également en lien avec nos problèmes face au monde matériel (finance, travail…).

L'intestin grêle traduit nos difficultés à assimiler les expériences, à les laisser pénétrer en nous. Il représente notre subjectivité face à ce qui advient, notre tendance à juger les événements et autrui. Il nous parle de notre (in)capacité à faire le tri dans ce qui est bon ou mauvais pour nous.

Le gros intestin est en lien avec notre faculté de nous détourner de ce qui est toxique, de poser nos limites. Il manifeste notre peur de manquer, de nous tromper, notre refus d'abandonner, notre timidité en n'osant pas nous affirmer. C'est l'endroit où nous retenons les choses. Il nous parle de notre difficulté à cicatriser, à oublier les mauvaises expériences, de la façon dont nous rejetons celles que nous n'avons pas acceptées.

Le rectum est le lieu où l'on abandonne. Il peut signifier notre lassitude face aux efforts fournis et le sentiment que ceux-ci ont été vains.

L'anus représente la fin du processus, notre capacité à laisser aller ce qui doit partir, mais aussi à nous retenir avant de nous relâcher.

Le pancréas nous renvoie à notre tendance à traverser la vie trop raisonnablement, en accordant trop peu de place au plaisir et à la joie, en donnant une place trop importante au devoir et au besoin de correspondre aux normes.

Le foie est le siège de la colère, qu'elle soit exprimée ou rentrée. Il indique notre difficulté à vivre et à accepter nos émotions, à digérer les choses. Il renvoie à l'image de soi, il concerne l'être profond. On y trouve aussi souvent la culpabilité.

La vésicule biliaire est en lien avec la digestion psychologique des événements, notre difficulté à gérer et à clarifier nos sentiments. Elle est le siège de la détox émotionnelle. Elle est en relation avec l'être social et le rapport à l'extérieur.

Bon à savoir

Ton intestin est peuplé d'un nombre incalculable de micro-organismes qui participent à l'équilibre du corps. Cette flore, ou microbiote intestinal, est un système dans le système[12]. Elle est composée de deux à dix fois plus d'éléments (virus, champignons, bactéries, levures...), qui vivent en symbiose avec toi, qu'il n'y a de cellules dans l'organisme...

L'influence de la flore intestinale va au-delà de son action sur la simple digestion. Certes, elle contribue à l'assimilation des aliments ingérés, mais elle participe également au fonctionnement du système immunitaire. Elle régulerait en outre l'appétit et le sentiment de satiété et aurait un rôle dans la production de neuromédiateurs comme la sérotonine. Un déséquilibre de ce microbiote semble donc pouvoir créer du déséquilibre au sein de l'organisme en favorisant l'apparition de maladies métaboliques à caractère inflammatoire (et pas que dans l'intestin), mais aussi des troubles de l'humeur (tels que les états de déprime) ou encore du comportement alimentaire (hyperphagie, envies de sucre, d'alcool, etc.).

Le ventre est notre deuxième cerveau, notre cerveau entérique, il renferme plusieurs millions de neurones et communique constamment avec le cortex. Il influe sur nos émotions et sur le fonctionnement de notre cerveau supérieur. Le tube digestif n'est donc pas qu'une simple cavité, il est une vraie caverne d'Ali Baba de ton état intérieur. Un bon équilibre alimentaire et intestinal est une condition essentielle au maintien de ton équilibre intérieur.

Énergétique

Le système digestif est en lien avec le chakra du plexus solaire. Ce centre énergétique symbolise la gestion émotionnelle, l'affirmation de soi et le pouvoir personnel. On y rencontre nos problématiques face à nos ressentis, la façon dont nous ruminons, dont nous digérons ou pas les choses. C'est là que se joue le traitement de notre nourriture affective, c'est à cet endroit que nous définissons nos limites et les faisons respecter en déterminant ce qui est bon ou toxique, où nous faisons le tri dans ce qui nous parvient de l'extérieur. C'est ainsi que nous exprimons ce que nous avons dans le ventre.

Pratique

Tu l'auras compris, ton ventre et ton alimentation ont un rôle essentiel sur ton état d'être. Ta digestion déterminera la quantité et la qualité de l'énergie dont tu disposes, elle en est la première source.

Afin d'explorer ce système, je t'invite à être attentif, pour quelques jours, à la manière dont tu te sens en fonction de tes repas, en matière de confort intestinal, mais aussi d'énergie. Observe ces variations en fonction de la nature des aliments, mais du rythme des prises alimentaires.

Observe ensuite ton comportement alimentaire : qu'es-tu en train de manger, un steak-frites ou ta frustration ?

Prends conscience de l'impact de ton alimentation sur ta forme physique, ton état émotionnel. Tu peux te sentir agacé après un repas lourd ; c'est normal, ton corps est occupé à digérer une surcharge, il ne peut en accueillir d'autres. Mais la nourriture est également une façon de gérer tes émotions. Si cela est nécessaire, ajuste au besoin ton comportement à son égard à partir de la conscience acquise par l'observation.

SYSTÈME CARDIO-VASCULAIRE

Composition

Le système cardio-vasculaire s'appuie sur une pompe principale, le cœur, divisée en quatre cavités. Sur le plan vertical, le cœur droit reçoit le sang chargé en dioxyde de carbone (CO^2), à filtrer, et le cœur gauche, le sang riche en oxygène (O^2), à distribuer. Ces deux systèmes ne communiquent pas entre eux. Sur le plan horizontal, les oreillettes surmontent les ventricules et leur sont reliées par des valvules. Le sang circule de haut en bas, de l'oreillette au ventricule.

Le sang réoxygéné est réparti dans le corps par une ramification de vaisseaux, des plus gros (les artères) aux plus petits (les capillaires).

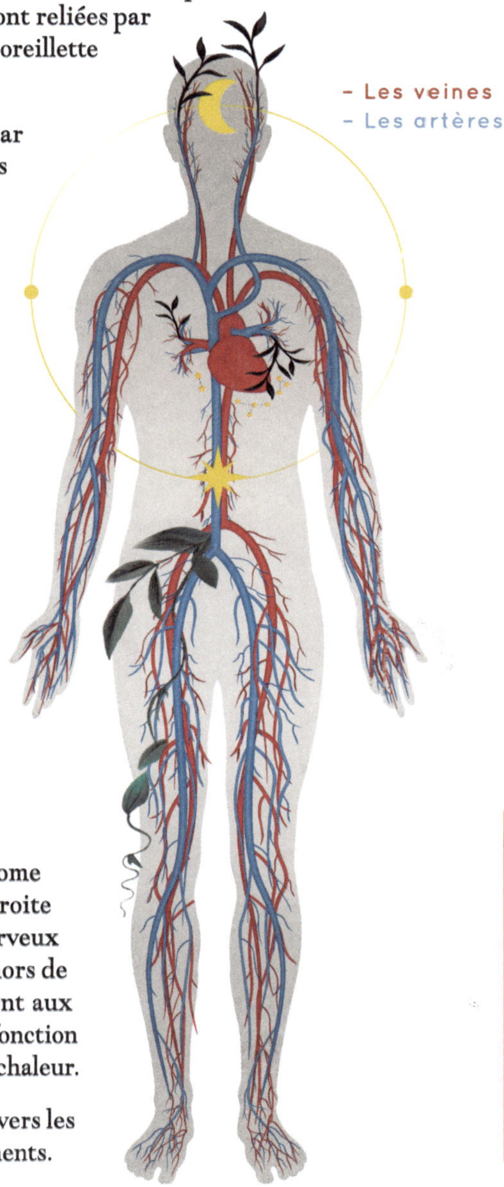

Fonctions

Le système cardio-vasculaire permet la circulation du sang dans l'organisme.

Le sang a une fonction de transport, il distribue aux tissus et aux organes l'oxygène et les éléments nutritifs et les débarrasse du gaz carbonique et des déchets produits par le métabolisme.

Il favorise également la diffusion des hormones ainsi que des cellules et des protéines de défense, chargées de l'immunité.

Il assure enfin une fonction de thermorégulation, soit de maintien de la température du corps.

Le cœur est le maître intelligent et autonome de la circulation sanguine. Il est en relation étroite avec le cerveau et est dirigé par le système nerveux autonome, c'est-à-dire qu'il fonctionne en dehors de ta volonté consciente. Il répond instantanément aux sollicitations et régule le rythme circulatoire en fonction de l'environnement. Il fait également circuler la chaleur.

Les artères transportent le sang du cœur vers les organes, elles distribuent l'oxygène et les nutriments.

- Les veines font remonter le sang des organes vers le cœur, les débarrassant du dioxyde de carbone et des déchets métaboliques.

- Les capillaires relient les artères aux veines. C'est à leur niveau que s'opèrent les échanges au sein des organes.

Symbolique

- Le sang, qui véhicule les substances nutritives, représente la vie. Il est aussi le garant de notre capacité à nous défendre.

- Le cœur, en sa qualité de muscle, est en lien avec l'effort qu'il nous faut déployer envers la vie et la recherche de la joie. Gouverné de façon automatique, il a une forte relation à l'inconscient.

Traditionnellement vu comme le siège des émotions, il distribue les états émotionnels par sa fonction de pompe et nous parle de notre rapport à l'amour, que nous le témoignions à autrui ou à nous-mêmes, ou qu'il nous soit offert. Il porte en lui la notion de donner et de recevoir.

Il nous indique notre difficulté à vivre l'amour, à gérer et à exprimer nos sentiments.

Il nous questionne sur la place du plaisir.

- Les artères permettent à la vie de circuler en nous. Elles reflètent donc notre rapport à l'existence et à ce qui nous nourrit, notre posture quant au fait de donner (trop ou pas assez).

- Les veines nous mettent en lien avec notre façon de réagir aux problématiques de la vie, notre capacité à dépasser les épreuves, à nous libérer de ce qui est mauvais pour nous.

- Les capillaires, par les échanges qu'ils facilitent, nous placent directement face à la notion de donner et de recevoir.

Bon à savoir

Ton cœur est doté d'un réseau de quelque quarante mille neurones, faisant de lui un « cerveau » autonome ayant une mémoire et communiquant avec ton cortex. Il peut ainsi prendre des décisions, apprendre, se souvenir et percevoir.

La circulation de l'information suit l'axe cœur-cerveau-corps : le cœur est le premier à recevoir et à traiter l'information, qu'il transmet au système nerveux central, lequel ordonne au corps.

Le champ électromagnétique du cœur s'étend à plus de cinq mètres autour de toi et est variable en fonction des émotions et des ressentis. Tu vibres littéralement tes émotions tout autour de toi.

Énergétique

Le chakra du cœur, situé au centre du corps, est en communication avec de nombreux systèmes, dont le système cardio-vasculaire. Il fait le lien entre les chakras inférieurs, ceux des émotions, et les supérieurs, ceux de la pensée. Le cœur est le siège du sentiment, il est l'endroit où tu conçois et où tu structures ton ressenti. On y trouve bien évidemment, outre la notion d'amour inconditionnel (pour toi-même et pour autrui), le donner et le recevoir, mais aussi, et ce n'est pas négligeable, les notions de pardon et de compassion. Il est en effet difficile d'aimer sans être capable de pardonner à l'autre comme à soi-même.

Pratique

Pour ce chapitre, je t'invite à te connecter à ta vie émotionnelle. Le rythme de ton cœur affecte l'ensemble de ton organisme et son champ électromagnétique irradie ton environnement.

Porte ton attention sur tes ressentis. Comment te sens-tu dans ton corps en fonction de tes émotions ? Comment perçois-tu ce qui t'entoure et comment l'influences-tu ? Observe, mesure, et demande-toi si oui ou non tes émotions n'ont un impact que sur toi...

SYSTÈME RESPIRATOIRE

Composition

Le système respiratoire comprend les voies supérieures, soit les cavités nasales, la bouche, le pharynx et le larynx, et les voies inférieures, soit la trachée et les poumons, lesquels abritent principalement les bronches, les bronchioles et les alvéoles pulmonaires.

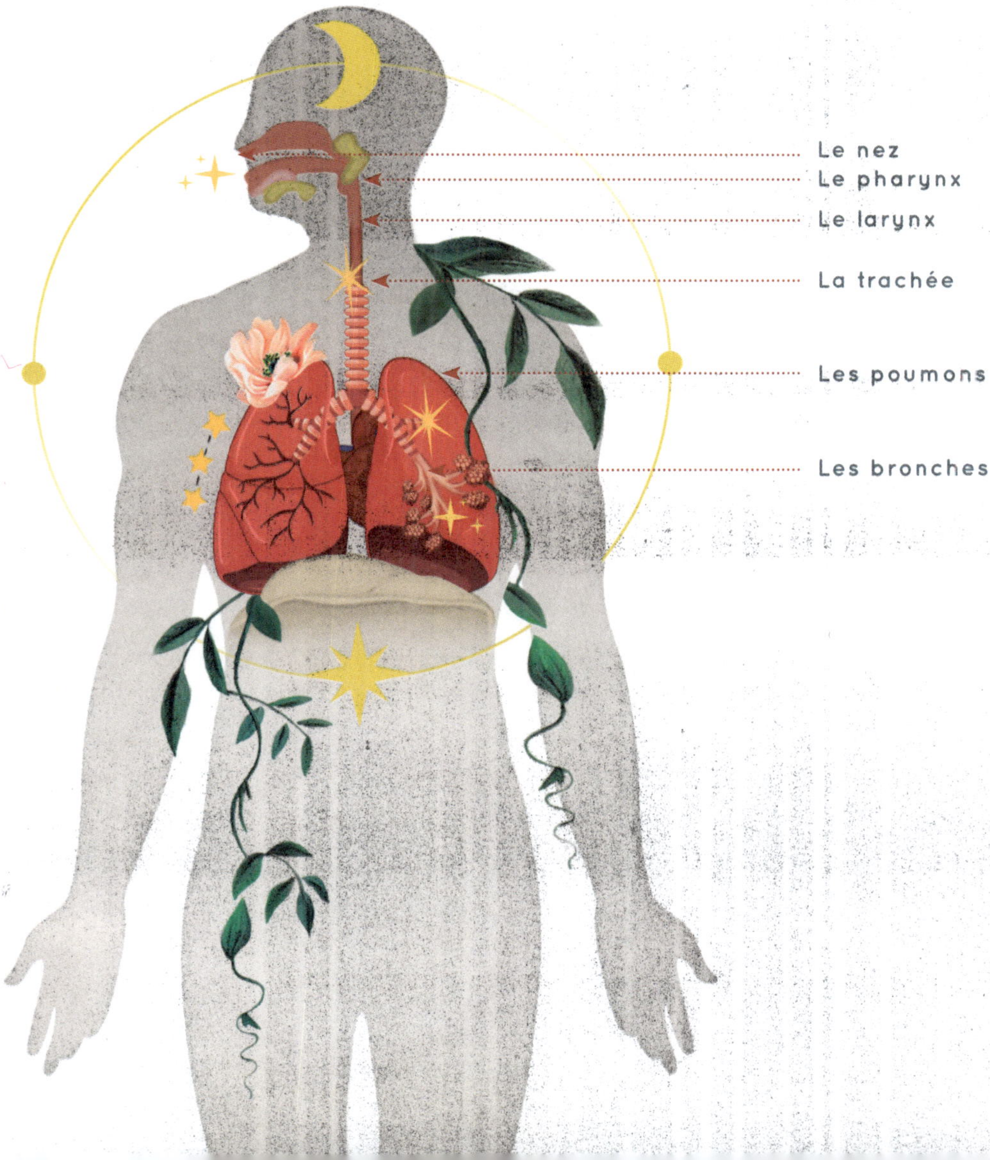

Fonctions

Les voies aériennes supérieures permettent le passage de l'air ambiant vers les poumons (fonctions respiratoires). Elles interviennent en outre dans la phonation, l'olfaction, la gustation et la déglutition (fonctions non respiratoires).

La bouche et le nez réchauffent, hydratent et filtrent l'air qui pénètre dans le corps. Le pharynx est la partie commune à la respiration et à la déglutition, il dirige l'air vers le larynx. Ce dernier, qui abrite les cordes vocales, se prolonge par la trachée. Enfin, la trachée achemine l'air vers les deux bronches qui se ramifient au sein des poumons.

Les poumons ont pour fonction fondamentale d'assurer les échanges gazeux dans l'organisme.

Ils enrichissent le sang en oxygène et le déchargent du dioxyde de carbone.

Symbolique

Le nez permet d'aspirer l'air, il nous amène de ce fait à nous questionner sur ce que nous sentons ou pas dans notre quotidien, ainsi que sur la manière dont nous accueillons la vie et dont nous laissons le souffle vital nous habiter. Ses capteurs sont directement reliés au cerveau limbique et à la sphère émotionnelle.

Le pharynx, le larynx, la trachée, tous trois constituants de la gorge, sont des conduits, des lieux d'échange. La gorge symbolise donc tout naturellement la communication et l'expression. Impliquée autant dans la respiration que dans la phonation, on y retrouve les échanges avec autrui et notre capacité à dire.

Les bronches sont l'endroit où l'air s'installe dans le corps. Elles nous renseignent sur notre faculté de prendre notre place en nous-mêmes et dans le monde. Fonctionnant en paire, elles nous indiquent aussi notre relation au duo, au couple.

Les poumons sont liés à la tristesse. La peine y prendra une grande place, ainsi que les sentiments de mélancolie et de solitude.

Ils sont le lieu de l'échange intérieur-extérieur, ils constituent d'ailleurs la plus importante surface du corps au contact du milieu externe. Ils nous parlent donc inévitablement de notre relation à notre environnement, de ce que nous en acceptons ou en refusons, des limites que nous maintenons ou non. Un problème pulmonaire traduit une difficulté à gérer notre relation avec le monde extérieur, avec autrui.

Bon à savoir

La respiration est en lien avec le système nerveux autonome. L'inspiration est reliée au circuit sympathique responsable des états d'alerte ; l'expiration, quant à elle, est reliée au circuit parasympathique responsable de la détente.

Tu t'en aperçois quand, en état de stress, tu as tendance à être en apnée, tandis que tu te relâches lorsque tu expires. Le cycle respiratoire, en plus d'être un cycle vital qui te nourrit et te purifie, est aussi un merveilleux outil d'apaisement. Il favorise la cohérence cardiaque et l'harmonisation de tous les signaux neurochimiques du corps. Tu peux donc t'entraîner à respirer profondément afin de te maintenir en état de réceptivité et de quiétude émotionnelle.

Énergétique

Les poumons étant logés dans le thorax, le système respiratoire est en lien avec le chakra du cœur. Leur capacité d'échange entre l'intérieur et l'extérieur nous guide naturellement vers la symbolique de ce centre portant sur l'art du donner et du recevoir, mais aussi sur la façon dont nous vivons notre rapport au monde, avec anxiété ou sérénité. La respiration nous tend, nous détend ou fait des soubresauts quand nous sommes tristes, c'est l'affect qui est lié aux poumons. La tristesse est également l'émotion qui limite le chakra du cœur.

Quelques chiffres

L'échange entre l'oxygène et le dioxyde de carbone dans les poumons s'effectue en 0,75 secondes.

La surface alvéolaire disponible pour les échanges gazeux représente 150 m.

La capacité totale des poumons est d'environ 6 litres d'air. Au cours de la vie, ceux-ci traitent près de 300 millions de litres d'air.

Le nez est doté de 350 récepteurs olfactifs directement reliés au cerveau émotionnel, mettant en lien les odeurs et nos souvenirs, ainsi que leur charge affective.

Pratique

La respiration est un outil formidable d'apaisement, gratuit et facile à mettre en œuvre partout, tout le temps ! Je t'invite donc, chaque fois que tu sens des émotions monter, le stress t'assaillir ou juste une envie de décompresser se manifester, à te poser quelques minutes en connexion avec ton souffle. Pour ce faire, voici deux exercices aux vertus calmantes.

La respiration apaisante en triangle

- Inspire cinq secondes.
- Expire cinq secondes, vide tes poumons.
- Reste en apnée, poumons vidés, cinq secondes.
- Inspire de nouveau cinq secondes, et ainsi de suite jusqu'à ce que ton corps se relâche.
- Adapte le rythme en fonction de ce qui est juste pour toi.

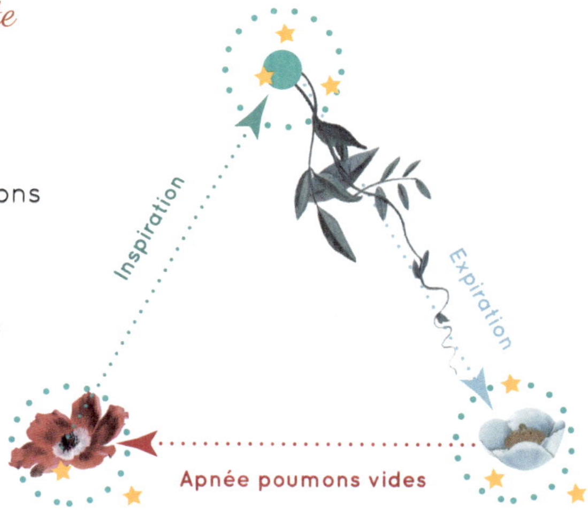

La cohérence cardiaque

- Inspire cinq secondes.
- Expire cinq secondes.
- Et recommence sans pause.

La respiration équilibrée entre le temps d'inspiration et le temps d'expiration permet d'installer une cohérence dans le rythme cardiaque et donc un état de bien-être. De nouveau, adapte le rythme à ce qui est juste pour toi.

SYSTÈME IMMUNITAIRE

Composition

Le système immunitaire est composé en premier lieu de remparts extérieurs (la peau et les poils, eh oui…) – et internes (les anticorps).

Puis, tu as les sites de formation des cellules immunitaires : le thymus, situé dans la cavité thoracique, sous le sternum, et la moelle osseuse.

Et enfin, des points stratégiques de défense : la rate, les ganglions lymphatiques et les amygdales. Les systèmes immunitaire et lymphatique sont intimement liés.

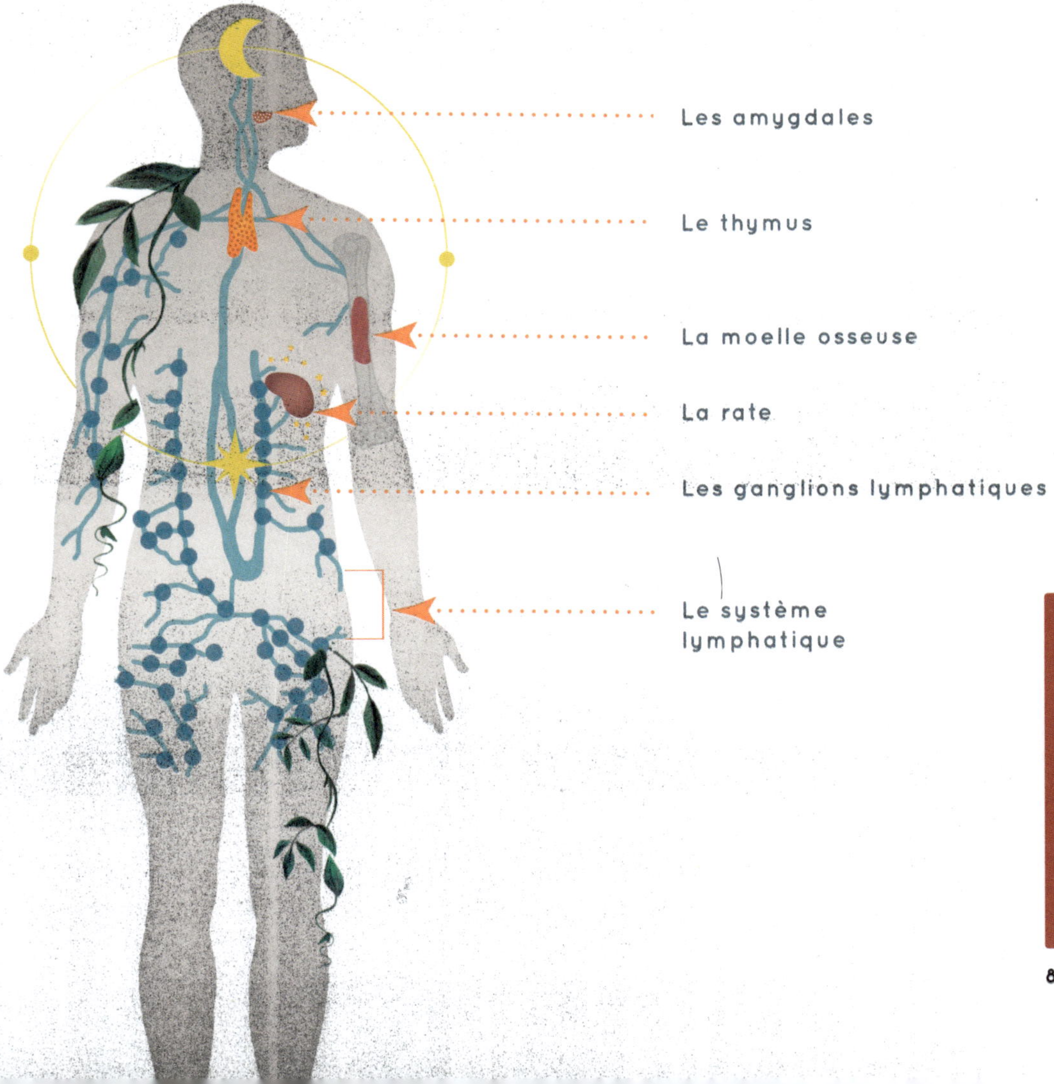

Fonctions

La fonction du système immunitaire est de maintenir l'équilibre et la bonne santé de l'organisme.

Il existe une immunité innée et un dispositif protecteur acquis.

- La partie innée, c'est la partie intégrée, les premières défenses comme la peau et les muqueuses (inhérentes) ou la fièvre (automatique) à la suite d'une inflammation et la phagocytose, la capacité de certaines cellules (les macrophages et les neutrophiles, notamment) d'absorber les agents pathogènes. Cette réponse immunitaire est dite « non spécifique », c'est-à-dire qu'elle ne fait pas de tri et n'implique pas l'identification de l'agresseur. Elle sollicite en revanche la part du système immunitaire qui, elle, reconnaît et combat spécifiquement les éléments étrangers.

- Cette immunité acquise s'appuie sur les lymphocytes B et T. Les premiers produisent des anticorps ciblant chaque agent infectieux qu'ils rencontrent. Les seconds, quant à eux, détruisent directement les intrus. Certains lymphocytes B et T conservent la mémoire des menaces auxquelles ils ont été confrontés, afin de permettre à l'organisme de répondre plus rapidement en cas de nouvelle visite.

- Les amygdales sont un site de production d'anticorps.

- Le thymus participe à la maturation des lymphocytes T.

- La rate est chargée de l'activation des lymphocytes B.

- La moelle osseuse rouge, présente dans les os plats, est le lieu de formation des diverses lignées de cellules sanguines, dont les globules blancs intervenant dans le système de défense du corps.

- Les ganglions lymphatiques sont des aires d'activation du système immunitaire spécifique. Ils filtrent aussi la lymphe pour en extraire les éléments pathogènes.

Symbolique

- L'atteinte du système immunitaire implique bien évidemment notre capacité à nous défendre et à maintenir les limites de notre territoire face aux agressions extérieures. Elle peut traduire une trop grande appréhension relative à un manque de confiance et de sécurité intérieure ou, à l'inverse, une perméabilité accrue. Cependant, l'état de notre territoire au départ et ce que nous accumulons de toxique, qui nous rend vulnérables, sont des facteurs déterminants.

- Plus l'espace est encombré et pollué par des éléments délétères comme la colère, la rancœur ou les non-dits, plus le système sera fragile. En revanche, une structure défensive trop active nous indique que nous ne nous laissons pas suffisamment pénétrer par les expériences.

La colère est l'émotion qui va le plus influer sur le système immunitaire en l'affaiblissant pour trois à cinq heures, tandis que la joie le renforce durablement[13].

Bon à savoir

Selon la médecine traditionnelle chinoise, on associe des émotions, qu'elles soient exprimées ou rentrées, en excès ou en déficit, à des organes spécifiques. Ce qui veut dire que ces émotions sont plus facilement « stockées » dans leur organe référent, affectant ainsi son état d'équilibre et son potentiel de défense. En d'autres termes, la sphère émotionnelle influe sur la sphère immunitaire.

Pour ton information, sache qu'on retrouve les correspondances suivantes :

- la colère se loge dans le foie et la vésicule biliaire ;
- la peine, dans les poumons et le gros intestin ;
- la peur, dans la vessie et les reins ;
- la rumination et le souci, dans l'estomac et la rate ;
- la joie ou le manque de joie, dans le cœur et l'intestin grêle.

Chacun de ces ressentis est essentiel, c'est sa mesure en trop ou en trop peu qui crée le déséquilibre.

Quelques chiffres

La peau, premier organe du système immunitaire, représente une surface d'environ 2 m. Près de 35 000 enfants subissent une ablation des amygdales chaque année en France[15].

Le thymus, très actif dans les premières années de la vie, s'atrophie petit à petit à partir de l'adolescence ; il pèse 40g chez un ado et seulement 10 g chez une personne âgée.

La rate, avec un poids de 200g seulement, libère les cellules immunitaires par millions en cas de besoin. On estime à 500 milliards le nombre de cellules sanguines produites chaque jour dans la moelle osseuse[16].

Énergétique

Le système immunitaire est sous le contrôle du chakra du cœur, comme les systèmes cardio-vasculaire et respiratoire. Le cœur est décidément un centre névralgique. Comme pour ce dernier et les poumons, on retrouve la symbolique de l'intérieur-extérieur et du donner-recevoir. Comment est-ce que je me défends de mes émotions et de celles des autres ? Comment mes sentiments et mes ressentis ont-ils un impact sur ma santé physique ? Comment est-ce que je maintiens mes limites ? Quel est mon degré de porosité face aux expériences de la vie ?

Et si la maladie était une déficience d'amour ?...

Pratique

Je te propose de mettre en lien les moments où tu tombes malade avec tes ressentis. Comme cela pourrait être un peu long de collecter des informations, n'hésite pas à observer aussi tes proches. La maladie apparaît-elle arbitrairement ou est-elle corrélée avec une faiblesse émotionnelle ?

Dans ton entourage, celui qui n'est jamais malade est-il un peu contrôlant ? Celui qui a une santé fragile est-il un peu vulnérable ?

D'un autre point de vue, ton système immunitaire a besoin d'être soutenu et stimulé. Tu peux donc aider ton corps et, par exemple, profiter du passage d'une saison à l'autre, environ quinze jours avant un solstice ou un équinoxe, pour offrir à ton organisme un moment de repos et de nettoyage afin de remettre le compteur à zéro et de le préparer à entrer dans la saison à venir. Cela peut se traduire par une phase de détox physique, mais aussi psychique et émotionnelle. Tu peux clore la période écoulée et anticiper la prochaine en valorisant ce qui a été accompli et en fixant de nouveaux objectifs, ainsi qu'en prenant le temps de décharger les émotions en suspens et de régler les dossiers en cours.

SYSTÈME LYMPHATIQUE

Composition

Le système lymphatique s'appuie sur un fin réseau vasculaire, qui parcourt l'organisme parallèlement au système sanguin et dans lequel circule la lymphe, ainsi que sur des organes lymphatiques.

Parmi ces derniers, on distingue les organes lymphatiques primaires – la moelle osseuse et le thymus – et les organes lymphatiques secondaires – les ganglions lymphatiques et la rate, notamment.

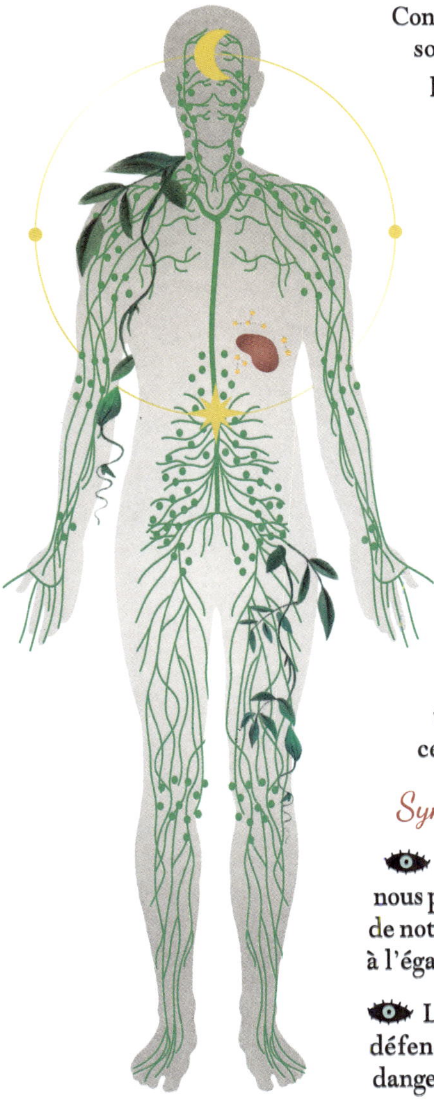

Contrairement au sang, la lymphe n'est pas diffusée sous l'impulsion d'une pompe, mais en grande partie grâce aux compressions provoquées par les contractions musculaires et aux mouvements respiratoires.

Fonctions

Les organes lymphatiques sont impliqués dans l'élaboration de la réponse immunitaire (voir la section précédente).

Le rôle du réseau lymphatique et de la lymphe va cependant au-delà de la question de l'immunité. La lymphe contient aussi des hormones et des nutriments essentiels au bon fonctionnement de l'organisme, qu'elle transporte et distribue. Enfin, elle permet de drainer les liquides en excès dans les tissus, contribuant ainsi à la régulation de l'homéostasie par le maintien d'une hydratation optimale et à la détoxification en évacuant certains déchets et corps étrangers.

Symbolique

Une problématique du système lymphatique nous parlera de nos échanges avec le monde extérieur, de notre sentiment de vulnérabilité ou d'illégitimité à l'égard de celui-ci.

Le système lymphatique constitue une barrière défensive devant un environnement perçu comme dangereux. Il symbolise notre besoin de protection.

D'autre part, la rétention d'eau due à une mauvaise circulation de la lymphe nous indique soit une tendance à retenir et à rester figés face à ce qui nous entoure soit une aspiration à la sécurité, la carapace provoquée par l'amas de liquide nous préservant des agressions.

Bon à savoir

Lorsque le corps n'assure plus un drainage efficace, c'est la rétention d'eau et parfois l'œdème. Pour lutter contre ce phénomène qui te fait gonfler, il te faut donc notamment stimuler ton système lymphatique. Mais comment, me diras-tu ? Eh bien, en te massant, par exemple ; cela active l'ensemble du circuit lymphatique et permet une meilleure circulation de l'eau, ainsi que son élimination (voir la pratique ci-contre). Tiens aussi compte du fait que la lymphe circule sous l'effet des contractions musculaires. L'essentiel est donc de rester actif.

Énergétique

Le système lymphatique est relié au chakra de base, ou centre racine, situé en bas de la colonne vertébrale. C'est le centre de l'incarnation et de la matérialité, c'est là que l'on prend vie et qu'on retrouve les instincts de survie et de protection. Le réseau lymphatique distribue nos défenses dans le corps, participant grandement à la préservation de la santé et de la sécurité.

Il traite aussi l'eau qui entre dans la composition de nos tissus et son apparente mémoire, nous reliant par le chakra racine à l'empreinte tant ancestrale qu'expérientielle que nous portons en nous.

Pratique

Pour aider ton système lymphatique, outre le fait de boire suffisamment d'eau et de faire attention à ton hygiène de vie, tu peux pratiquer l'auto-massage. Voici une petite séquence à reproduire à la maison, et pas que l'été, car ton corps a besoin de se drainer toute l'année...

SYSTÈME ENDOCRINIEN

Composition

Le système endocrinien contrôle les fonctions de l'organisme par l'intermédiaire d'hormones synthétisées par divers glandes et tissus – principalement l'hypophyse, l'hypothalamus, la thyroïde, l'épiphyse, le thymus, le pancréas, les surrénales et les gonades (ovaires chez la femme, testicules chez l'homme) – et libérées dans le sang.

Ces messagers chimiques sont responsables du métabolisme, de la croissance, du fonctionnement des tissus, de la faim, du sommeil, de l'humeur… bref, d'un peu tout dans l'organisme. Ils commandent donc non seulement au corps, mais aussi à l'esprit.

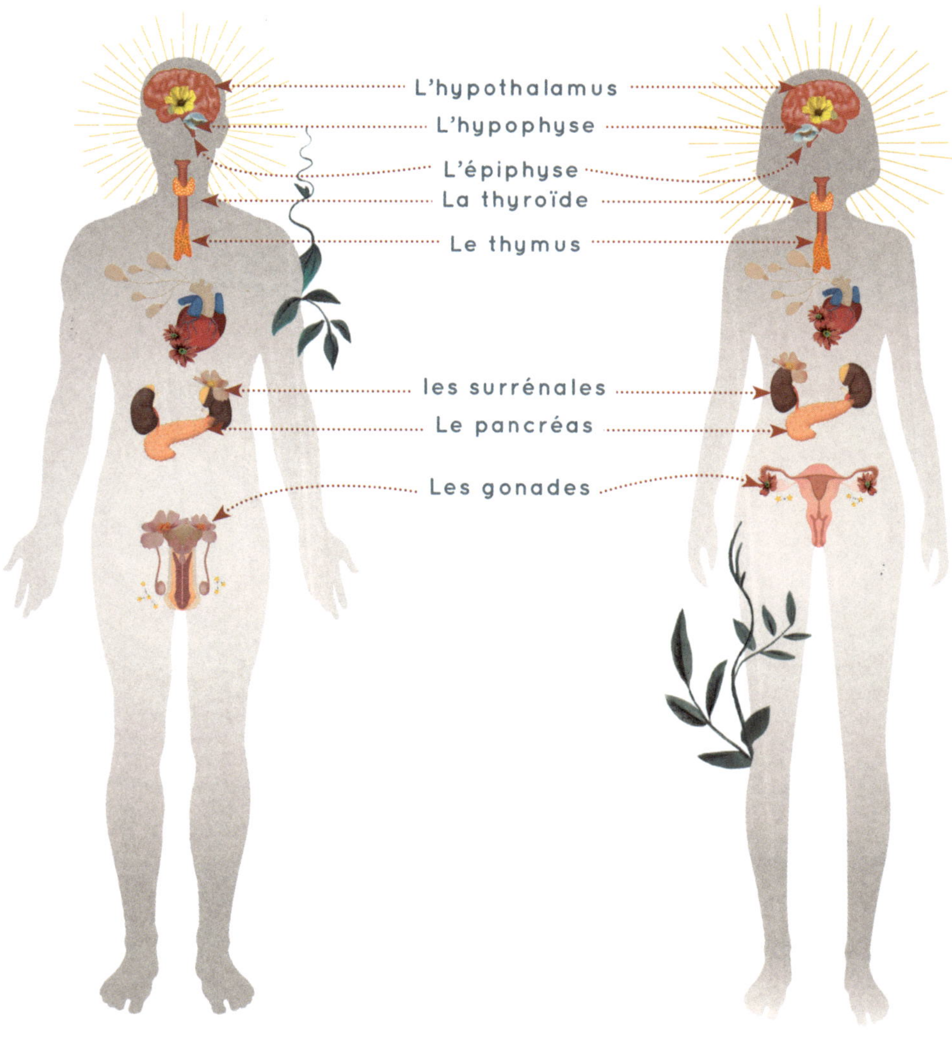

Fonctions

L'hypophyse, ou glande pituitaire, située à la base du cerveau, fait la taille d'un pois. Elle est attachée à l'hypothalamus et soumise à son contrôle – on parle de « complexe hypothalamo-hypophysaire ». C'est une glande maîtresse, car elle fait le lien entre les systèmes nerveux et endocrinien. Elle fabrique des hormones qui servent à réguler les autres glandes endocrines, ainsi que des médiateurs aussi variés que ceux qui provoquent l'accouchement et la lactation ou qui gouvernent le développement.

L'épiphyse (ou glande pinéale), petit cône de huit millimètres en forme de pomme de pin, logée au centre du cerveau, sécrète la mélatonine. Elle joue ainsi un rôle de régulateur des rythmes biologiques et des cycles saisonniers. Elle arbitre la veille et le sommeil, et commande de ce fait un bon nombre de fonctions physiologiques. Elle entrerait aussi en jeu dans le développement sexuel.

Localisée dans le cou, la thyroïde dirige les réflexes et le métabolisme, la façon dont l'organisme produit de l'énergie et assimile les éléments nutritifs. Elle intervient de ce fait dans la croissance. En outre, elle synthétise une hormone qui contrôle le taux de calcium dans le sang. Les glandes parathyroïdes travaillent avec elle pour réguler l'homéostasie du corps.

Le thymus est en lien avec le système immunitaire (voir cette section).

Le pancréas est responsable de la régulation du taux de glucose sanguin (la glycémie) grâce à la libération de deux hormones aux effets opposés, l'insuline et le glucagon.

Comme leur nom l'indique, les surrénales sont situées au-dessus des reins. On distingue la partie externe de chaque glande, ou corticosurrénale, de sa partie interne, ou médullosurrénale. Les hormones qu'elles sécrètent (voir « Système urinaire ») agissent sur la pression artérielle, le rythme cardiaque et ont une action anti-inflammatoire ; elles préparent l'organisme aux comportements de survie, de combat ou de fuite en mobilisant à cette fin ses ressources.

Les gonades, responsables de la production des hormones sexuelles (voir « Système reproducteur »), permettent le développement des organes génitaux et des caractéristiques sexuelles mâles ou femelles.

Symbolique

Le grand centre d'information, du subtil au physique, qu'est l'hypophyse t'invite à te questionner sur le lien que tu mets en œuvre entre ce que tu perçois et ce que tu entreprends. Il donne le « la », il t'engage à évaluer ton degré de cohérence entre ton ressenti, tes pensées et tes actions, entre ta vie intérieure et ta vie extérieure.

L'épiphyse, René Descartes la nommait le « siège de l'âme »[14]. Responsable du sommeil, elle nous met en lien avec les sphères éthérées et l'inconscient ; ainsi, elle est le pont avec notre partie la plus subtile et la plus mystérieuse. Pour certains, elle est la source de nos canaux de perception extrasensoriels. Dans les traditions spirituelles, elle est le troisième œil, soit celui avec lequel on sait. La glande pinéale peut être considérée comme la glande de l'éveil et notre ouverture à tout ce qu'il y a de plus magique en nous.

La thyroïde gère le métabolisme, donc ton aptitude à transformer les expériences en « nutriments », à les accueillir comme des vecteurs d'apprentissage et d'évolution de l'être, c'est-à-dire à te positionner dans la vie, non par rapport à ce qui t'arrive, mais par rapport à ce que tu en fais.

Le thymus te parle de ta capacité à te défendre, à maintenir tes limites. Il appelle des questionnements sur ton positionnement, ta réaction face aux agressions extérieures. Il te renseigne sur ce que tu perçois comme une attaque ou une intrusion et sur la manière dont cela fait vibrer des parties de toi qui ont besoin de soin.

D'un point de vue plus ésotérique, le thymus est considéré comme le siège des mémoires karmiques.

Le pancréas, par sa relation avec le sucre, nous ramène à la douceur de la vie. Aussi bien celle que tu t'accordes que celle que tu t'autorises (ou pas) à recevoir, ou encore celle qui te manque. Il t'indique une tendance à vivre la vie trop sérieusement ou à vouloir correspondre exagérément aux normes. Il t'invite à laisser plus de place à la flexibilité et au bonheur.

Les surrénales, en lien direct avec ta capacité de survie, te parlent du sentiment de sécurité intérieure, de la confiance que tu peux ou non éprouver en tes capacités pour faire face aux situations de la vie. Elles te permettent de mobiliser tes ressources, donc de te connecter à ton pouvoir personnel. Elles sont le symbole de la sérénité de ton rapport à ta matière, à ton corps, dans ses réactions les plus brutes et les plus primitives.

Les gonades touchent à ton identité sexuelle et à ton identité tout court. Elles sont corrélées à la façon dont tu vis et dont tu t'affirmes dans ton féminin ou ton masculin. Elles sont également liées à tes facultés créatives, puisqu'elles sont la source de ta capacité à donner la vie.

Bon à savoir

Le système endocrinien est le grand métronome du corps, dont il contrôle les fonctions essentielles. Cependant, son équilibre est fragile : s'il est exposé à certaines substances toxiques – les fameux perturbateurs endocriniens –, il se dérègle et affecte tout l'organisme par là même.

Ces agents chimiques peuvent imiter le comportement d'une hormone, limiter sa production, entraver sa circulation ou l'empêcher de se fixer sur son récepteur, cela pouvant avoir des effets extrêmement nuisibles.

Les perturbateurs endocriniens se retrouvent malheureusement un peu partout, depuis l'air que tu respires aux cosmétiques, en passant par les produits ménagers, jusqu'à la nourriture. S'il est difficile de t'en prémunir, tu peux néanmoins être un consommateur vigilant, porter ta préférence sur les contenants en verre et éviter tous les récipients en plastique, opter pour des produits biologiques, favoriser les compositions naturelles et, bien sûr, faire le plus possible de choses par toi-même.

Énergétique

Du point de vue énergétique, chaque glande endocrine est en lien avec un chakra. Tout comme le système endocrinien est relié à l'ensemble de l'organisme et à son rythme, le système énergétique l'est, lui aussi. Ainsi, on retrouve :

- chakra racine : cortico- et médullosurrénales, l'instinct de survie ;
- chakra sacré : gonades, ovaires ou testicules, la capacité de création ;
- chakra solaire : pancréas, la gestion de la douceur ;
- chakra du cœur : thymus, la capacité de se défendre ;
- chakra laryngé : thyroïde, la gestion du métabolisme, de l'assimilation des expériences ;
- chakra du troisième œil : glande pinéale, ou épiphyse, la capacité d'intuition ;
- chakra coronal : hypophyse, le lien entre le subtil et le réel.

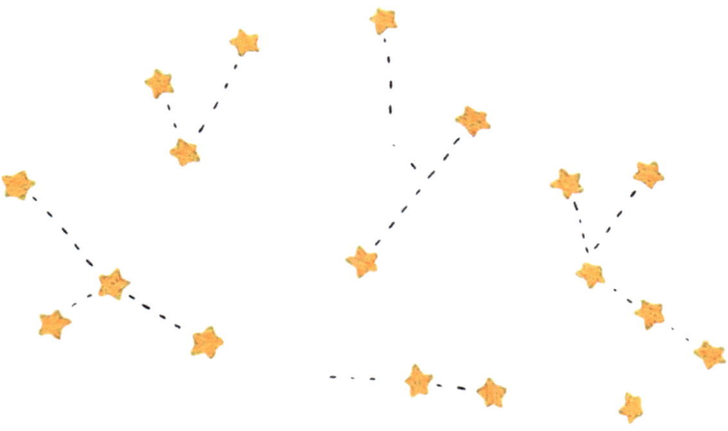

Pratique

Pour cette pratique, je te propose une méditation guidée d'harmonisation de tes centres énergétiques, qui va soutenir l'équilibre de ton système endocrinien. Installe-toi confortablement et scanne le code.

LE CORPS CYCLIQUE : *du microcosme au macrocosme*

Nous venons d'explorer le corps comme un ensemble de systèmes complexes qui se maintiennent en équilibre indépendamment et ensemble, dedans et dehors.

Tout comme il suit de nombreuses règles pour rester stable, notre organisme obéit aussi à des rythmes dont certains systèmes, cardio-vasculaire ou endocrinien notamment, donnent le « la ». Il est régi par des cycles, depuis celui qui détermine la vie cellulaire jusqu'au rythme circadien, en passant par la chronobiologie. Le temps linéaire n'existe pas dans le corps, il n'est que le temps nécessaire.

Le corps est la finalité matérielle de l'être, il est une matrice dans le champ quantique, en quête de symbiose avec ce qui l'environne et, plus vastement, avec l'Univers. Pour conserver son homéostasie, non seulement il adopte la cadence des processus biologiques, mais il se cale également sur le tempo des jours et des nuits, sur la succession des saisons.

Explorons ces rythmes qui placent le microcosme du corps en harmonie dans le macrocosme de l'Univers.

LA CHRONOBIOLOGIE

Les cycles propres à l'organisme préservent son équilibre intrinsèque et assurent la transmission de l'information ; ils soutiennent par là même l'ensemble des systèmes en leur permettant de travailler dans des temps dévolus.

La chronobiologie étudie nos rythmes biologiques[15]. Le corps est en effet régulé par des horloges internes qui donnent le tempo de chacune de ses fonctions physiologiques. Ton horloge interne majeure est nichée au cœur du cerveau, dans l'hypothalamus et la glande pinéale. L'organisme est programmé pour fonctionner de façon optimale dans des intervalles précis. Le temps auquel il est soumis est calé sur le jour et la nuit, pas sur la temporalité linéaire humaine, mais sur le temps de la justesse, comme un métronome biologique. L'hypothalamus est sensible à la luminosité extérieure ; la glande pinéale, quant à elle, réagit au rythme interne, elle maintient une périodicité de vingt-quatre heures de façon autonome, qui contrôle les fonctions biologiques essentielles telles que la sécrétion hormonale, la digestion, la température corporelle… Ces deux centres travaillent donc de concert pour garantir ton équilibre interne et externe, soit homéostasie et symbiose.

La chronobiologie nous permet d'identifier plusieurs cycles[16] :

• le cycle circadien, régulé par la veille et le sommeil, qui regroupe tous les cycles de l'organisme ayant une durée de vingt-quatre heures ;

• le cycle ultradien, concernant les processus biologiques de moins de vingt-quatre heures, comme l'activité cérébrale, qui se modifie toutes les quatre-vingt dix minutes minutes environ ;

• les cycles infradiens, qui ont une durée supérieure au cycle circadien. On y retrouve le cycle circahebdomadaire, d'une durée d'une semaine, qui est celui du renouvellement de certaines cellules ou du rythme des défenses immunitaires, par exemple, ou bien les cycles circamensuels, d'une durée d'environ un mois, comme le cycle menstruel, et circannuels tels que les saisons.

La chronobiologie t'indique qu'il y a un temps juste pour chaque chose en fonction de ce qui est à l'œuvre dans ton organisme. Voyons comment se décompose ta journée selon cette science.

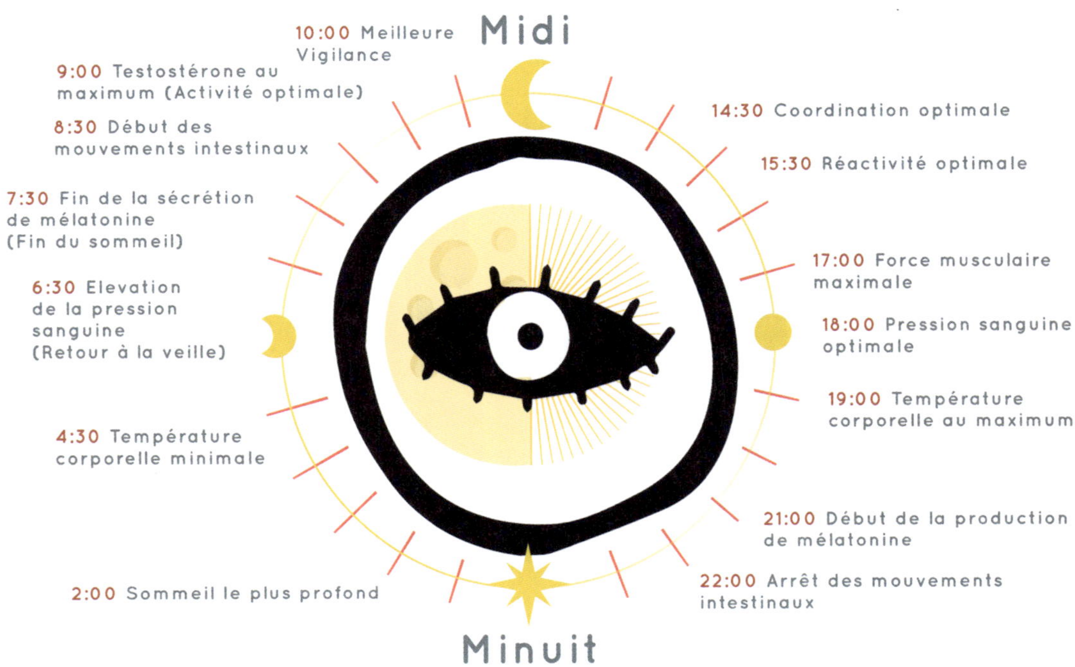

Pratique

La prise en compte de ton rythme physiologique peut vraiment t'apporter un meilleur équilibre physique et psychique. Respecter le rythme de ton corps, c'est te respecter, et exploiter ses ressources quand elles sont en présence est vecteur de satisfaction et de mieux-être. Je t'invite donc à mettre à profit les quelques astuces suivantes pour te caler sur ta chronobiologie.

Ton sommeil

Il est favorable de calquer ton cycle de sommeil sur ceux de la mélatonine et de la température corporelle. Ainsi, dans l'idéal, il faudrait te coucher entre vingt et une heures et vingt-trois heures et te réveiller entre cinq heures et sept heures, quand le cortisol, qui contribue à l'éveil global de l'organisme, est maximal.

Pour favoriser un bon endormissement, évite tout ce qui est de nature à augmenter la température du corps après vingt heures, donc les excitants (tabac, alcool, etc.) et les activités physiques intenses. On peut faire une exception pour les câlins, qui entraînent notamment la production d'endorphines, propices à l'assoupissement…

Ton alimentation

La sécrétion des hormones qui permettent un bon métabolisme, soit une assimilation optimale des nutriments, varie aussi en fonction des heures de la journée. Ainsi, il ne t'est pas interdit de t'offrir une douceur, simplement, prends garde de le faire à une heure convenable, car ta mousse au chocolat n'aura pas le même impact sur ton corps à midi ou le soir. Voici quelques bases pour donner à ton organisme ce qu'il faut quand il le faut.

• Matin : il est recommandé de refaire le plein, c'est le bon moment pour le gras et les sucres lents (pain, beurre, fromage). Ton corps va directement les assimiler sans les stocker, parce qu'il en a besoin. Tu peux également mettre l'accent sur les sucres rapides et les protéines.

Pratique

Exemple de petit déj : fruits frais (sucres rapides), pain (complet) ou céréales (sucres lents), beurre ou huile d'olive, fromage (lipides), fromage blanc, œuf, jambon blanc (protéines).

• Midi : le déjeuner ne doit pas être trop copieux, mais équilibré. On y trouve des protéines, des féculents et des légumes, le tout en quantité raisonnable pour ne pas déclencher une digestion trop forte qui mettra l'organisme au repos et te fera perdre ton énergie.

• Après-midi : le goûter est une bonne chose, d'autant que ton corps assimile particulièrement bien le sucre entre quinze heures et dix-sept heures. Accorde-toi donc une collation à base de fruits et de chocolat noir, ainsi qu'un shot de protéines, comme un yaourt ou du fromage blanc. Un bon en-cas t'aidera à tenir jusqu'au dîner sans te jeter sur tout ce qui te tombe sous la main en rentrant chez toi.

• Soir : en fin de journée, ton organisme va doucement descendre vers le sommeil, qui lui permettra de décanter et de se réinitialiser. Évite de le surcharger, concentre-toi sur les viandes, les poissons maigres et les légumes. Le top : une salade composée.

Ton activité intellectuelle

Le cerveau fonctionne sur des cycles de quatre-vingt dix minutes, accorde-toi par conséquent une pause au terme de chaque cycle. Un arrêt de ton activité de cinq à dix minutes suffit à te remettre les idées au clair.

Ton cerveau est aussi davantage nourri par les hormones et les pics de glycémie à certaines périodes de la journée[17]. Il peut ainsi être profitable de favoriser, pour le travail intellectuel soutenu, les tranches horaires de cinq heures à sept heures, de dix heures à onze heures et de quinze heures à seize heures trente.

Ne t'attaque clairement pas à un dossier difficile après le repas, ton corps est occupé à la digestion et ton acuité intellectuelle est au minimum. Répartis tes tâches dans la journée en fonction du moment où tu es le plus à même de les mener à bien.

Pratique

Ton activité physique

Les systèmes cardio-vasculaire et musculaire sont au top entre dix-sept heures et dix-neuf heures, c'est donc le bon moment pour t'entraîner. En revanche, pas de sport après vingt heures, afin de laisser à la température du corps le temps de redescendre avant le sommeil.

Évite également les activités physiques intenses le matin, c'est dangereux pour le cœur qui est déjà beaucoup sollicité à ce moment-là. Si malgré tout tu veux faire de l'exercice après t'être levé, privilégie les mouvements doux comme le yoga.

Dans tout cela, recherche ce qui est juste pour toi et, surtout, tiens compte du principe de réalité. L'acceptation de ce que tu es est davantage créatrice que la contrainte.

LE CYCLE SAISONNIER

Ton corps s'adapte aux saisons, au même titre qu'au rythme de la journée. N'oublie pas que son but est de maintenir son équilibre interne en fonction des variations extérieures. Il capte, sent et s'ajuste à tous les changements, de luminosité, de température, etc. Il se règle donc tout naturellement sur les fluctuations saisonnières pour toujours fonctionner de façon optimale. Voyons comment se divise ton année.

Printemps

★ **Dans ton corps**

Ton organisme sort de l'hiver qui, pour lui, était une période de privation. Au printemps, alors qu'il émerge de sa torpeur et que le soleil se fait plus présent, il tend spontanément à chercher de l'énergie. La luminosité et la température augmentent doucement, c'est une phase pendant laquelle ta vitalité revient, elle aussi. Au printemps, on se réveille et on prépare notre corps à l'été à venir. Concentre-toi sur les poissons gras, les légumes verts et les oléagineux. Profites-en également pour effectuer une petite détox.

★ **Dans ton être**

C'est le retour de l'énergie vitale, tu peux te sentir enthousiaste, mais cela peut aussi se traduire par de l'agitation, de la colère – c'est normal, soit vigilant. C'est le moment de laisser émerger tes aspirations profondes, produits de l'introspection hivernale. Planifie et lance-toi !

Été

★ **Dans ton corps**

C'est l'apogée de l'année, tout est à son niveau optimal. L'organisme fonctionne à plein régime, il lui faut énormément d'énergie. Il commence déjà à constituer ses réserves pour l'hiver. Nourris-le avec beaucoup de fruits et de légumes, des aliments riches en vitamines.

★ **Dans ton être**

Comme on dit, tu es à fond – l'acuité intellectuelle au maximum, la vivacité, tout est là. C'est l'énergie du feu et du soleil éclatant. C'est une période de joie, de maturité et de rayonnement, c'est le temps de l'ouverture du cœur et de la récolte ! Réjouis-toi et fais feu de tout bois !

Automne

★ **Dans ton corps**

La luminosité commence à décroître et le corps bascule doucement vers le ralenti de l'hiver. On achève de faire les réserves nécessaires. Après l'exaltation de l'été, c'est une période adéquate pour nettoyer l'organisme par une détox ou une mono-diète. Il est favorable de consommer des aliments riches en minéraux, des fruits et des légumes de saison, du riz, du maïs et des poissons semi-gras.

★ Dans ton être

C'est le bon moment pour faire le point, finir de récolter et dresser le bilan de ce qui a été semé. C'est également la période propice pour opérer un tri – on entre en soi et chez soi, autant libérer de l'espace. On parle plus volontiers de « ménage de printemps », mais celui de l'automne est tout aussi important et bénéfique. C'est le temps du lâcher-prise et du renoncement, il faut savoir ne pas s'accrocher à ce qui n'a pas fonctionné, laisser aller et s'ancrer en soi, se reposer sur les acquis de l'année.

L'automne est le moment où tu prépares ton nid, le moment de la grossesse pour la naissance au printemps, avec son abondance de ressources.

Hiver

★ Dans ton corps

C'est la phase où tout tourne au ralenti, et en particulier l'organisme ; il a besoin de plus de temps et surtout d'un surcroît d'énergie, il faut donc trouver la juste mesure entre le nourrir suffisamment pour qu'il bénéficie des ressources appropriées et ne pas trop le surcharger, car il est plus lent.

C'est la saison où il est indispensable de s'accorder du repos. Favorise les légumes racines, les fruits secs, les oléagineux et limite le gras.

★ Dans ton être

Entre en toi comme l'ours dans sa tanière. Prends soin de toi et de l'énergie spirituelle qui vient avec la nuit, c'est le temps des sorcières, des remises en question et des mises au point. Accueille ta part d'ombre, ouvre-lui les portes, chéris-la et écoute-la, elle est essentielle pour nourrir ta lumière.

Intersaison

C'est une période d'environ quinze jours précédant les solstices et les équinoxes, un moment favorable pour préparer le corps à entrer dans la saison à venir, la quinzaine idéale pour les détox.

Dans notre société, nous ne respectons absolument pas nos cycles, ni quotidiens ni saisonniers. Ainsi, nous nous contraignons à la privation pour avoir le *summer body* pile à l'époque où nous sommes censés faire des réserves. Résultat : nous arrivons à l'automne épuisés et sans ressources pour affronter l'hiver, ce qui favorise les dépressions saisonnières et les pathologies diverses…

Nous cherchons inlassablement une normalisation et une constance, alors que nous ne sommes que cycles ; nous ne sommes pas faits pour accomplir les mêmes tâches au long de la journée, pas plus qu'au long de l'année. Notre corps appelle à la variété et au respect de ces cycles, c'est en cela que repose son équilibre. Le culte de la performance nous amène à vouloir être optimaux tout le temps, mais nous ne fonctionnons pas au même rythme et nous ne déployons pas les mêmes ressources selon les phases de l'année et de la journée. Cette acceptation-là serait pourtant essentielle à notre bien-être.

Pratique

Comme pour la chronobiologie, porte ton attention sur les activités que tu mènes au long de l'année et adapte ton rythme.

Pense aussi à préparer ton corps et à en prendre soin en fonction des contraintes auxquelles il est soumis.

LE CORPS *spirituel*

Les traditions orientales et le tao offrent une voie de lecture de l'homme dans l'Univers également intéressante pour acquérir des éléments de décodage de sa matérialité.

Pour le tao, l'Univers est le fruit de la circulation du Qi, une énergie fondamentale résidant en toutes choses, constituée de deux forces opposées et complémentaires, le yin et le yang, indispensables l'une à l'autre comme le jour l'est à la nuit. Cette dualité est génératrice d'un mouvement perpétuel qui autorise des points de stabilité et sans lequel tout serait sécable.

Les polarités yin et yang du Qi circulent donc sans cesse dans un équilibre dynamique, un équilibre dans le déséquilibre. Elles expriment la nature interconnectée et mouvante de tout ce qui existe. Comme le corps cherche perpétuellement à conserver un point de réglage alors qu'il est traversé par de nombreux facteurs déséquilibrants, le yin et le yang en symbolisent le mouvement.

Le yin et le yang s'articulent autour de quatre types de relations :

- opposition (le noir et le blanc) ;
- interdépendance (l'un n'existe pas sans l'autre) ;
- croissance-décroissance (quand l'un diminue, l'autre augmente) ;
- transformation (le yin peut se convertir en yang et *vice versa*).

Ils sont chacun liés à des symboliques complémentaires :

On peut déceler leur signification dans le physique, chaque partie du corps étant associée à l'un ou à l'autre symboliquement, en tension vers un état d'harmonie. Cette grille de lecture permet de comprendre ce qui de l'énergie agit en nous, quelle est la polarité qui, en s'exprimant davantage, crée de l'incohérence et demande un questionnement et un réajustement en vue d'atteindre le juste point de réglage. L'équilibre et le déséquilibre du yin et du yang dans l'organisme, c'est un peu la conscience de l'Univers et le moi profond de l'être qui se signifient.

Yang	*Yin*
Ciel,	Terre,
Ascendant, en haut, en expansion, diffus	Descendant, en bas, en contraction, dense,
Évaporation,	Condensation,
Pur,	Impur,
Chaleur, sécheresse,	Froid, humidité,
Feu,	Eau,
Mouvement, actif,	Stabilité, passif,
Jour, Soleil,	Nuit, Lune,
Est, soleil levant, matin	Ouest, soleil couchant, soir
Sud	Nord
Pleine lune,	Lune noire,
Croissance,	Décroissance,
Esprit,	Essence,
Tourné vers l'extérieur,	Tourné vers l'intérieur,
Printemps et été,	Automne et hiver,
Fécondant.	Réceptif.

Ainsi, tu peux comprendre que ton corps, en plus d'être une mécanique implacable et l'expression tangible de ton âme, est aussi ce qui te relie à l'environnement. Bien que nous souhaitions tous pouvoir créer nos propres règles, notre liberté ne réside finalement que dans l'acceptation de celles auxquelles nous sommes soumis. Lorsque nous y dérogeons et que nous créons du déséquilibre, nous ressentons un mal-être. « Connais-toi toi-même et tu connaîtras l'Univers et les dieux », nous apprend Socrate.

Connais-toi et respecte-toi tel que tu es fait, en tant qu'être complexe ayant des besoins et des structures établis. Apprends à décoder, observe les cycles, écoute, prête attention et accueille ; tu ne peux nier le message du corps, il est l'être qui murmure à ton oreille et l'Univers qui te traverse.

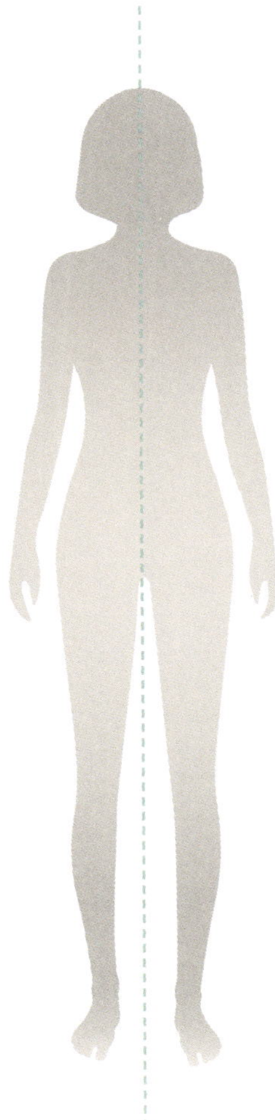

GAUCHE	DROITE
Féminin	Yang
Négatif	Masculin
Domaine familial	Positif
Réflexion	Domaine social
Vie privée	Action
Force mentale	Travail
Emotion, créativité	Force physique
Lune	Raison, logique
Terre et feu	Soleil
Système parasympathique	Feu et air
	Système sympathique
Membres supérieurs	Membres supérieurs
Agir dans la famille	Agir dans le social
Membres inférieurs	Membres inférieurs
Avancer, se situer dans la famille	Avancer, se situer dans le social

AVANT	ARRIÈRE
Yin	Yang
Féminin	Masculin
Négatif	Positif
Domaine familial	Domaine social
Réflexion	Action
Vie privée	Travail
Donner	Recevoir
Futur	Passé
Angoisse	Dépression
Attaque	Défense
Aller vers	Etre retenu
Ce que l'on cède	Ce que l'on porte

HACK

Cocréer : le hacking bienveillant

Ton corps est l'interface de ton être. Il véhicule tout autant l'information physiologique que ce qui émane du cœur et de l'esprit. En ce sens, il est l'émissaire de ta vie intérieure, la somme de ce que tu es.

D'un point de vue spirituel, le corps est le réceptacle de l'âme, le tangible du subtil, le temple de l'individu. Dans ta matérialité, l'esprit s'exprime. Ton organisme est ton guide – ses symptômes t'orientent vers l'harmonie, ses déséquilibres t'indiquent une incohérence. Avant de traiter ces phénomènes corporels, il est essentiel d'en remonter le fil jusqu'à l'origine, et de comprendre ce qui de l'être se manifeste à cet endroit.

« Les maux du corps sont les mots de l'âme, ainsi on ne doit pas chercher à guérir le corps sans chercher à guérir l'âme », affirmait Platon. Hacker ton corps ne réside donc pas tant dans le fait d'en soulager les symptômes que de laisser parler ce qui l'anime (d'*anima*, l'« âme », le « principe vital ») et d'en percer le sens.

C'est la raison pour laquelle, plutôt que de t'engager à suivre un énième programme d'hygiène de vie, je te propose un protocole qui tient dans la notion d'ANIMER ton corps, afin de mettre de l'âme dans la matière, de lier le corps à l'esprit pour ton mieux-être.

Voyons cela.

> "A" pour **accepter.**
> "N" pour **nourrir.**
> "I" pour **interpréter.**
> "M" pour **mettre en mouvement.**
> "E" pour **équilibrer.**
> "R" pour **reconnecter.**

Si tu es un habitué des hacks par Ose te Déployer, tu sais que ces acronymes sont des outils pratiques à intégrer, des techniques à mettre en œuvre en fonction de ce que tu souhaites traiter pour retrouver ton pouvoir personnel et ton équilibre. Dans cet ouvrage centré sur le corps, ce n'est pas tant une méthode à assimiler et à employer qu'une posture intérieure à acquérir. Néanmoins, tu peux aussi y avoir recours quand quelque chose doit être questionné.

"A" POUR *Accepter*

C'est le point de départ. Bon nombre d'entre nous entretiennent un rapport complexe avec leur corps, soumis à une pression médiatique imposant une plastique parfaite en tout temps et à tout âge, dans une société où le vieillissement est synonyme d'entrée dans l'inutilité. Cependant, comme pour toute chose, on peut difficilement se faire un allié de ce sur quoi l'on porte un jugement, par essence limitatif et toxique. Peu importe l'appréciation que tu as de ton corps, il est tien, et ce, pour la vie, alors autant être en bons termes avec lui.

En plus d'être tien, il est toi. Tes pensées s'y impriment, tes émotions s'y expriment, son état est dépendant de ton état d'être et relève de ta seule et unique responsabilité. Ce que tu lui offres, c'est à toi que tu l'offres.

Lorsque, devant ta glace, tu déprécies ce corps que tu habites, c'est toi-même que tu méprises. C'est dur et violent de se traiter ainsi. Aimerais-tu qu'on te malmène de la sorte ? Te comporterais-tu de cette façon avec quelqu'un d'autre ? Probablement pas, alors ne t'inflige pas ce que tu n'accepterais pas d'autrui ou que tu ne lui ferais pas endurer.

Détache-toi de toute forme de jugement et accepte ton corps tel qu'il est. Il te renseigne et te soutient, et ses ressources sont infinies pour peu que tu saches en tirer parti.

LES MOTS DE TON CORPS

Les mots construisent ou déconstruisent. Ils ont un poids, un impact, vibratoire d'abord, puis physiologique, car ils sont liés aux pensées, qui se diffusent dans l'organisme par le biais de la neurochimie.

Afin de commencer ce chemin d'acceptation de ton corps, je t'invite à noter pendant quelques jours les termes que tu utilises pour t'adresser à lui ou l'évoquer, et à mesurer ainsi le poison ou la douceur que tu t'offres.

À défaut de basculer directement vers un vocabulaire gratifiant, ce qui n'est pas évident quand on est en souffrance dans le rapport à soi, apporte au moins de la neutralité, élimine les adjectifs dépréciatifs ou juxtapose-leur un mot doux. Ça te permettra de ne plus entretenir de jugement délétère et de parvenir doucement à l'équanimité avant de pouvoir vraiment valoriser.

TON HISTOIRE DANS TON CORPS

Ton corps est le livre de ton histoire. Il est le témoin du temps qui passe, certes, mais ce n'est pas une mauvaise chose, car ce temps, tu l'as vécu et tu as appris, expérimenté, grâce à ton organisme.

Les marques qu'il présente te racontent, tu peux te les réapproprier et les valoriser. Tes vergetures, par exemple, témoignent de ta grossesse, de la vie que tu as portée et donnée, ou bien simplement de ta féminité ; tes rides gravent ta maturité ou ton sourire. Telle cicatrice te rappelle une expérience enrichissante ou que tu sais ne jamais devoir réitérer. C'est ton père que tu retrouves dans le contour de ton nez et, là aussi, tu peux y associer du positif ou un mémo en fonction de ta relation à lui. Toutes ces aspérités font de toi un être dense. Tu peux pousser l'expérience jusqu'à inscrire des dates sur ta peau et ainsi convertir ton corps en une frise chronologique. Si tu le fais, ce que j'aimerais beaucoup, tu peux si tu le veux, et dans la limite du respect de l'intimité, m'envoyer la photo sur les réseaux, ce sera l'occasion de créer une fresque géante.

LES CADEAUX DE TON CORPS

Pour accepter pleinement ton corps, il te faut lui redonner place et pouvoir, car c'est bien à lui que tu dois tout ce que tu vis.

Rends-lui grâce et dis-lui merci par cet exercice de gratitude : le soir, pose-toi et repense aux satisfactions et aux contentements que t'a apportés ta journée, du détail le plus infime à l'événement le plus significatif. Il y a toujours quelque chose… Puis mets chaque situation en lien avec ce qui, dans ton corps, t'a permis d'en bénéficier : la caresse du soleil le matin, perçue par ta peau ; le câlin de ton enfant aussi, ainsi qu'avec tes bras ; la saveur de ton déjeuner, par ta bouche ; les félicitations de tes collègues, par tes oreilles…

"N" POUR *Nourrir*

Pour se réguler naturellement, ton corps doit être nourri correctement. C'est pourquoi, lorsqu'un dysfonctionnement se présente, la première chose à observer est de savoir si tu as répondu à ses exigences. Aucun pansement ou médicament ne peut pallier de façon pérenne une hygiène de vie déficiente.

Reprends la liste des besoins que tu as établie précédemment et demande-toi si tu as fortifié le corps, le cœur et l'esprit de la façon la plus juste. Cela ne sert à rien de te contenter d'un cachet pour ton mal de tête si tu n'as pas bu une goutte d'eau de la journée ; ce n'est pas non plus la peine de te bourrer de vitamine C si tu ne t'accordes pas le temps de sommeil nécessaire, ou encore de filer chez le kiné toutes les semaines si tu ne fais pas travailler ton squelette et tes muscles.

Tu es le seul garant de ton énergie. Sois honnête et cohérent. Il n'existe pas de soin énergétique, de pierres ou d'huiles essentielles à même de remplacer la sollicitude que tu te dois.

TES BESOINS PHYSIOLOGIQUES

Ton alimentation

★ Le rythme des prises alimentaires

Teste plusieurs fréquences de prises alimentaires au cours de la journée et observe comment tu te sens et comment s'équilibre ta vitalité. Les règles physiologiques s'adaptent à chacun et varient aussi en fonction des saisons et de l'activité que l'on déploie. Accepte ton rythme et respecte-le.

★ La nature des aliments

Comment te sens-tu si tu manges des féculents le soir ? Le matin, qu'est-ce qui te donne le plus de dynamisme : des fruits ou des protéines ? Là encore, expérimente et adopte ce qui est OK pour toi.

★ Les quantités

Quel est ton repas le plus copieux : matin, midi, goûter, soir ? Chacun y est diversement sensible ; aussi, fais ce qui est bon pour toi et sois vraiment attentif à ton ressenti en matière de confort et de tonus.

Détache-toi des questions diététiques (toutes proportions gardées) et connecte-toi aux réactions de ton corps. L'alimentation est une source d'énergie, mais également de plaisir. Quand tu regardes ton assiette, tu dois te réjouir pour le bon que tu t'offres.

Ton sommeil

Dans l'absolu, le cerveau adulte a besoin d'environ huit heures[18] pour faire le tri parmi les informations qu'il a reçues en mode veille et remettre la machine à plat[19], mais ce n'est pas forcément ce qui te convient. Efforce-toi d'établir la durée de sommeil qui t'est nécessaire pour fonctionner de façon optimale toute la journée, en décalant ton heure de lever par paliers de quinze minutes. Le cerveau est fixé sur des cycles de quatre-vingt dix minutes qui se retrouvent aussi dans sa phase nocturne. Si tu veux pouvoir te réveiller sans trop de difficulté, cale ton réveil de telle sorte qu'il ne sonne pas au milieu d'une de ces séquences.

Prends également au sérieux le bien-fondé de la sieste. Pour beaucoup, quinze minutes de repos après le déjeuner aident vraiment à rester vigoureux toute la journée – ne t'en prive pas.

Ton activité physique

Il est primordial que tu mobilises régulièrement tes articulations et tes muscles pour garder ton corps en bonne santé.

Si, à tes yeux, pratiquer une activité physique est une difficulté, je t'invite à questionner ce qui te limite et à t'autoriser à évoluer graduellement. Si par exemple tu ne te sens pas de force pour faire du sport, commence très doucement par des choses minimes. Si tu redoutes le regard des autres, favorise une activité où tu seras seul. Si ton agenda est surchargé, optimise, va au travail à vélo, fais du stepper en regardant ta série préférée… Quelle que soit la solution que tu adopteras, bouger est indispensable, et ce, même si notre société sédentaire ne nous incite pas à être actifs. Et pour te motiver un peu, garde en mémoire que l'activité physique déclenche la libération de dopamine, de sérotonine et d'adrénaline, les hormones du bien-être, pour un effet durable (voir « Système musculaire »). Le sport a un réel impact sur ton moral et ton état d'être.

Enfin, sois attentif à ne pas être actif après vingt heures, au risque de troubler ton sommeil.

TES BESOINS INDIVIDUELS

Il est tout aussi essentiel au bien-être de l'organisme de prendre soin des besoins organiques que des besoins psychiques.

Offre-toi de te nourrir dans le corps, le cœur et l'esprit, afin d'installer un état de cohérence et de cultiver l'harmonie. De quoi as-tu besoin pour être toi-même ? Parfois, un rhume surgit alors que nous sommes débordés et que nous n'avons pas pris le temps individuel dont nous avions besoin. C'est la façon qu'a l'organisme de nous dire de nous occuper de nous. Alors, définis ce qui t'est essentiel et intègre-le dans ton emploi du temps comme tu y intègres tes repas ou tes nuits, comme des choses vitales avec lesquelles on ne négocie pas.

"I" POUR *Interpréter*

Ton corps est un messager, tu l'as maintenant bien compris, le principal pour toi va donc être d'interpréter la teneur de sa missive. Dans ce travail de décodage, tu disposes de plusieurs angles d'approche. L'apparition d'un dysfonctionnement organique se traduit par la manifestation d'un symptôme qui a inévitablement une origine physiologique ou structurelle, ou encore psycho-émotionnelle, en lien avec ton état d'être. Ton corps est aussi ce qui maintient ton essence, ton toi, en interaction avec le monde extérieur. Sa réaction peut ainsi parfois être une réponse à l'environnement ou au contexte.

PREMIÈRE VOIE : LE STRUCTUREL ET LA PHYSIOLOGIE

L'organisme est avant tout une machine dont la mécanique répond à des lois simples et évidentes. Lorsqu'un symptôme survient, demande-toi d'abord si tu as comblé les attentes de ton corps. Puisqu'il intègre et imprime tout, passe ensuite en revue ton hygiène de vie. Bien souvent, il faut juste apprendre à se tenir droit.

DEUXIÈME VOIE : LE CONTEXTE

Qu'il soit temporel, environnemental ou saisonnier, le contexte est un élément essentiel de compréhension de ce qui se passe en toi. Il est important que tu établisses à quel moment est apparu un symptôme et dans quelles circonstances : par exemple, un changement de saison qui se répercute sur tes articulations, un rhume qui se déclare chaque fois que tu arrives chez tes parents ou bien la crise d'angoisse du dimanche soir. Cela te donnera des informations précieuses pour ajuster tes habitudes de vie et questionner les sphères émotionnelle et mentale.

Certains symptômes sont tellement liés à une situation qu'on les a assimilés, mais il est éclairant de reprendre un peu de recul et d'analyser ce contexte aussi.

TROISIÈME VOIE : LE CORPS SYMBOLIQUE

S'il est important de replacer le symptôme dans son contexte, il est également intéressant de questionner la symbolique de la partie du corps qui est atteinte, car cela permet d'en comprendre l'aspect subtil et de générer de la conscience. Le corps est une mécanique consciente, aussi sa guérison passe-t-elle par une guérison psychique et émotionnelle, même si cela peut se révéler dérangeant ou inconfortable. Tu as maintenant en ta possession des fiches et des grilles de lecture qui t'aideront à déchiffrer ces missives subtiles, alors accepte le message et œuvre, en douceur et avec bienveillance, à ajuster dans ton état d'être ce que ton organisme t'indique.

"M" POUR *Mettre en mouvement*

Ce que tu as identifié de la symbolique de ton corps te parle de ton état d'être. Afin de comprendre le message, tu as fait le trajet du dehors au dedans, il te faut maintenant emprunter le chemin inverse pour apporter la réponse spécifique à l'information physiologique, émotionnelle ou mentale qui n'a pas été prise en charge. Il t'appartient de remettre en mouvement ce qui s'est cristallisé en traitant tes émotions et en croyant en ton mental.

PHYSIOLOGIE

Nous l'avons déjà largement évoqué : tu dois nourrir et entretenir ton corps. En fonction du problème structurel (alimentation, posture, activité physique…), mets en place les actions adéquates, afin de ramener l'équilibre dans le fonctionnement des systèmes biologiques. Fais-toi accompagner par des professionnels de santé allopathiques ou alternatifs, selon ce qui est juste pour toi.

ÉMOTIONNEL

Si tu t'efforces de contenir ou de maîtriser tes émotions, au lieu de t'ouvrir au message qu'elles portent, elles finiront par se cristalliser dans ton corps. C'est pourquoi je t'encourage à les TRAITER par une technique favorisant leur libre circulation. Ce protocole est développé dans *HACK tes émotions*[20], mais en voici un aperçu et tu as à ta disposition un audio pour te guider.

« T » pour temporiser

Ouvrir le temps émotionnel, se rendre disponible ici et maintenant.

« R » pour respirer

Activer le circuit de l'apaisement par la respiration en triangle ou la cohérence cardiaque.

« A » pour accueillir

Accueillir l'émotion avec un mantra de bienvenue tel que : « J'accueille cette émotion qui se présente ».

« I » pour identifier

Identifier l'émotion en nature et en mesure. Quelle est-elle et quelle est son intensité ?

« T » pour tirer le fil

Mener un dialogue intérieur jusqu'à parvenir à l'origine du symptôme émotionnel.

« E » pour exprimer

Écouter la part de l'être en souffrance et lui offrir un espace d'expression dénué de jugement, laisser le mouvement se faire.

Échanger avec toi-même ou dans le réel en fonction de ce que tes explorations t'auront enseigné.

« R » pour reconnaître

Reconnaître ce qui s'exprime comme une part de soi, reconnaître le matériau dont on est fait pour en utiliser les ressources et être dans le respect de soi. Scanne le code.

MENTAL

La puissance de ton mental est assez déconcertante, notamment quand il s'agit d'influer sur ton environnement. Bien qu'elles soient le produit de ton esprit, pensées et croyances sont deux choses distinctes, tu ne les traiteras donc pas de la même façon. Le meilleur moyen de travailler sur ton psychisme est de CROIRE. C'est pourquoi je te propose de nouveau un petit protocole sous forme d'acronyme, accompagné de conseils audio. Si le sujet t'intéresse, l'ouvrage *HACK ton mental* lui est dédié[21].

« C » pour conscience

Entraîne-toi à devenir conscient de tes pensées, de leurs impacts sur ton état d'être et ta réalité.

« R » pour reconnaissance

Apprends à accepter ta vie mentale, sans jugement.

Note les pensées qui t'encombrent pour te mettre à distance.

Accueille toutes les autres avec un mantra du type : « J'accueille cette pensée comme un vecteur de compréhension et d'évolution. »

« O » pour origine

Fais la distinction entre la croyance, qui relève d'une vérité intérieure, et la pensée, plus attachée au réel ressenti, aux émotions.

Repère leur origine : famille, société, expérience dans le cas des croyances ; émotions, besoins, temporalité, histoire pour les pensées.

« I » pour inversion

★ Inverser les pensées en fonction de leur origine

• Émotions : écoute le message véhiculé par l'émotion.

Soulage sa charge avec le mantra d'Ho'oponopono : « Je suis désolé, pardon, merci, je t'aime. »

• Besoins : observe lequel de tes besoins physiologiques ou individuels crée un déséquilibre et réponds-y.

• Temporalité : crée des listes pour situer les choses dans l'espace-temps qui leur correspond et libérer le mental de ce qui ne concerne pas le temps présent.

• Histoire : connecte à ton expérience le souvenir auquel est accrochée la pensée et valorise l'apprentissage. Mets du positif dans le négatif.

★ Inverser les croyances

• Identifier le bénéfice secondaire : chaque croyance s'établit pour t'éviter quelque chose. Détermine quel est le profit que tu en tires et remercie pour cela.

• Identifier les ressources : analyse les atouts qu'il t'a fallu cultiver pour éviter l'inconfort ou ce que cette croyance t'a permis de développer. De nouveau, remercie-toi.

• Inverser : avec cette croyance et ces ressources, construis une affirmation inversée (« même si…, j'accepte… »).

« R » pour ressentir

★ Visualiser

Le cerveau ne fait pas la différence entre le réel et l'imaginaire. Profites-en pour utiliser la visualisation, afin de le rassurer.

★ Connecter le corps et l'esprit

Ton cerveau a besoin du ressenti pour valider une pensée ou une croyance. Sois attentif à ce que tu éprouves pour l'aider à imprimer.

★ Connecter le cœur et l'esprit

Ton mental associe chaque chose à une émotion. Porte ton regard sur ta sphère émotionnelle et ancre tes pensées et tes croyances dans ton cœur.

★ Rester à l'écoute

Les signaux de ton mental te renseignent sur les dangers environnants, tes besoins, la temporalité, etc. Ne lutte plus contre lui et écoute-le, il te rend service…

« E » pour expérience

Ancre dans l'expérience ; le référentiel de la mémoire se construit en associant expérience et ressenti, alors, expérimente à partir des nouvelles croyances acquises pour l'enrichir.

À partir de l'alignement coeur-esprit-corps, tu deviens un créateur puissant, tes intentions sont cohérentes et se font source d'attraction. Alors, vas-y, crée ! Passe de l'intention à l'action ! Scanne le code.

"E" POUR Équilibrer

Que ce soit pour rééquilibrer le fonctionnement des systèmes physiologiques ou les sphères émotionnelle et mentale cristallisées dans la chair, il va te falloir trouver la juste mesure entre l'intérieur et l'extérieur. Souvent, le déséquilibre survient lorsque tu ne respectes pas tes frontières. Rappelle-toi la composition de la cellule… les interactions que tu établis avec ton entourage doivent être poreuses, mais définies. L'autre est généralement un vecteur d'éveil de ce qui demande à émerger : il n'en est pas l'origine, mais le révélateur. Tu es le seul à pouvoir exercer un pouvoir sur ce qui vit en toi.

Maintenir l'équilibre dans ton interaction avec autrui va te contraindre à formuler clairement tes besoins, car ton interlocuteur ne peut pas deviner ce que tu ressens. Mais tu as aussi le droit de rejeter ce qui menace de te perturber, et le devoir envers toi-même de signifier ce qui te déplaît. Énoncer ce qui te convient et ne te convient pas t'amènera inévitablement à t'affirmer et à faire le choix de t'offrir de ne pas être déstabilisé.

La préservation de ton homéostasie implique de :

- savoir ce qui te nourrit et ce qui t'affecte ;
- te nourrir de façon autonome à tous les niveaux et évacuer ce qui est inutile ;
- affirmer ta limite en ne laissant entrer dans ton périmètre physique, mais aussi émotionnel et mental, que ce qui est juste pour toi ;
- ne pas porter ce qui ne t'appartient pas, car ce faisant, tu enlèves à l'autre une part de son pouvoir personnel ;
- ne pas laisser l'autre porter pour toi, car à ton tour, tu perds une partie de ton autonomie et de ton pouvoir personnel ;
- être dans le temps présent, traiter les informations au fur et à mesure et ne pas les laisser s'imprimer.

"R" POUR *Reconnecter*

Ton corps est ton plus fidèle allié, même si tu le malmènes, il continuera de chercher l'équilibre et de se réparer.

Pourtant, la façon dont tu le traites, c'est la façon dont tu te traites, le rapport que tu entretiens avec toi-même à travers lui. Te reconnecter à lui et apprendre à rester attentif à ses manifestations sont donc des prérequis essentiels à ton équilibre et à ton mieux-être. Si tu cesses de le juger, il saura t'orienter vers ce qui est bon et juste pour toi, vers ce qui demande à être écouté ou ajusté.

Tu peux décider de te considérer avec respect, bienveillance et douceur. Que choisis-tu de t'offrir ? Qu'es-tu en train de créer ? Si tu ne prends pas soin de toi, tu ne peux pas attendre de l'autre qu'il le fasse à ta place, il ne te donnera que ce que toi-même tu t'autorises. Il est fondamental que tu t'accordes ce que tu mérites et ce que tu souhaites recevoir.

Je te propose de mettre en place trois courts rituels qui te permettront de rester connecté à la grande bibliothèque d'informations qu'est ton corps.

APPRENDS À COMMUNIQUER AVEC LUI

Tu peux lui trouver un petit nom et commencer par lui dire bonjour et bonne nuit.

Ensuite, questionne-le à chaque action importante que tu entends lui faire faire.

Par exemple, pour le repas, prends un instant pour respirer profondément et porter ton attention sur ton ventre. Demande-lui de quoi il a besoin. Tu verras qu'il t'enverra l'information de diverses manières : clairement par une envie précise ou par la saveur d'un aliment dans ta bouche, ou encore par son odeur. Idem avant d'aller faire du sport, connecte-toi à tes muscles et sollicite-les : sont-ils prêts ? Quelle intensité pourront-ils supporter ? Combien de temps ? Là aussi, tu recevras une réponse.

Je ne te dis pas que tu vas tout saisir tout de suite, il va te falloir un peu de pratique, mais si tu es persévérant, la communication s'établira et l'information circulera.

Questionne aussi ton corps quand tu ressens une agitation ou une instabilité, il est réglé sur un point d'équilibre, tu n'es pas censé sentir des turbulences. Lorsque néanmoins celles-ci apparaissent, consulte-le et il te notifiera si cela vient du physiologique, de l'émotionnel ou du mental, ce dont il a besoin et ce qui lui est bénéfique. Laisse-le te guider, c'est quand même lui qui t'a appris à marcher.

CHÉRIS-LE

Prends soin de lui et valorise-le, reste connecté à ta matière, tu es un être incarné. Tu peux prendre l'habitude, par exemple, d'hydrater ton corps en t'attardant à en sentir la texture, la densité, les contours, et accompagner cette pratique de petits mots (« je suis cette jambe, je suis ce bras… »). Même chose en te lavant sous la douche. Peu importe le temps que cela nécessitera ou le vecteur que tu choisiras, réconcilie-toi avec cette chair qui te constitue, aie conscience qu'elle est (à) toi, réapproprie-toi ce corps que tu habites.

REMERCIE-LE

Cela, nous l'avons déjà abordé : ton corps est ton support, ton soutien, ton toi, ton tout. C'est grâce à lui que tu vis chaque seconde et que tes sens t'aident à anticiper. Alors de nouveau, le soir par exemple, quand tu te démaquilles ou quand tu te brosses les dents, remercie-le pour cette journée et pour tout ce qu'il t'a offert de sensations, de saveurs et d'émotions.

En résumé

"A" pour accepter

• Les mots de ton corps : mesure le vocabulaire que tu utilises pour t'adresser à lui ou parler de lui. Apporte de la neutralité dans le champ sémantique.

• Ton histoire dans ton corps : valorise chaque « défaut » lié à une période de ta vie, en soulignant l'accomplissement ou l'apprentissage qu'il représente.

• Les cadeaux de ton corps : chaque soir, rends-lui grâce pour tout ce qu'il t'a permis de réaliser et de sentir, pour la vie qu'il t'offre.

"N" pour nourrir

• Tes besoins physiologiques : sois vigilant à ton alimentation, à ton sommeil et à ton activité physique afin de nourrir directement ton organisme.

• Tes besoins individuels : ton corps est le miroir de l'être, il requiert des nourritures autant terrestres que spirituelles. Sois donc également attentif à répondre de façon comparable aux besoins du cœur et de l'esprit.

"I" pour interpréter

• Le structurel et la physiologie : le message mécanique est le plus simple à décoder, mène les actions nécessaires pour rétablir l'équilibre et ne masque pas les symptômes, prends des décisions pour toi.

• Le contexte : les conditions dans lesquelles apparaît un symptôme corporel constituent un élément précieux de décodage qui te permet d'adapter ton positionnement dans l'environnement et de respecter davantage les cycles.

• Le corps symbolique : chaque symptôme a une origine et une dimension psycho-émotionnelle. Les grilles de lecture par systèmes et spirituelle t'aident à entamer ce travail de compréhension de ce qui, dans l'être, s'exprime.

"M" pour mettre en mouvement

Lorsqu'un déséquilibre se présente, c'est que quelque chose dysfonctionne ou s'est cristallisé.

• Physiologie : vérifie que tu as répondu à tous tes besoins et mets vraiment et fermement en pratique les recommandations des professionnels de la santé.

• Émotionnel : tes émotions sont des messagères. Pour qu'elles puissent librement circuler, l'information qu'elles te délivrent doit être prise en charge. Mets en œuvre le protocole TRAITER lorsque l'origine du symptôme relève de la sphère émotionnelle.

• Mental : ton mental agit directement sur ton organisme, il en est l'un des plus grands maîtres. La croyance que tu nourris détermine tes possibles. Lorsque le message du corps est en lien avec la sphère mentale, mets en œuvre le protocole CROIRE.

"E" pour équilibrer

La préservation de ton intégrité passe inévitablement par ton rapport à autrui.

Fais preuve d'autonomie dans la réponse à tes besoins et le maintien de ton équilibre.

Affirme tes limites, ne te charge pas de ce qui ne te concerne pas, endosse en revanche complètement la responsabilité de ce qui t'appartient.

Reste dans le présent et la conscience des choses.

"R" pour reconnecter

Ton corps est ton plus fidèle allié et une mine d'informations qui te guide vers l'harmonie et le mieux-être. Connecte-toi à lui et écoute-le.

• Apprends à communiquer avec lui : prête attention à ton ressenti et questionne-le.

• Chéris-le : prends en considération ta dimension physique, approprie-toi la chair comme tienne.

• Remercie-le : sans lui, point de vie. Témoigne-lui ta gratitude pour tout ce qu'il te permet d'effectuer.

Ton corps est conscient, sa conscience relie celle de l'esprit et du cœur, il est l'expression pure et absolue de ton être. Mettre de la conscience dans ses mécanismes et ses messages, c'est te permettre d'accueillir ton âme, de la laisser t'habiter et s'exprimer. La clé d'une relation juste à ton corps est de le fortifier, de le laisser vivre et de vibrer en suivant les missives qu'il t'adresse pour rester en équilibre en toi-même et dans ton environnement.

Anime ton corps ! Mets de l'âme dans la matière !

Scanne le code pour accéder à un récapitulatif guidé.

HACK

Kaizen et kief

Nous avons accompli l'essentiel du travail. Je veux seulement ajouter un ou deux mots pour finir et achever de te transmettre une posture juste dans ton trajet vers toi-même.

Pour avancer sereinement, et surtout de façon pérenne, il est capital de s'assurer que l'on progresse dans le bon sens et que les transformations s'opèrent dans la cohérence et l'approbation de l'ensemble de l'être. Si tu ne considères pas le système dans sa globalité, tu prends le risque qu'une part résiste.

KAIZEN

Le trajet vers l'équilibre physique implique de prendre en compte tout ce qui vit en toi. Ton corps te parle de mécanique, d'émotions et de pensées ; en conséquence, une hygiène de vie stricte ne t'assurera pas d'être en paix avec lui si elle ne s'accompagne pas d'une voie de compréhension et d'acceptation profonde. Sois doux et indulgent. C'est un apprentissage complexe, qui demande du temps.

Si tu décides par exemple de perdre ces kilos qui te dérangent, sans tenter de comprendre ce qu'ils représentent ou la source du comportement qui les a laissés s'installer, il se peut fort que ton organisme résiste ou que tu te retrouves à faire le yo-yo. Tout a un sens et une cause, amorcer ce chemin de guérison du corps sans considérer l'esprit et le cœur, c'est nier une bonne part du subtil qui s'exprime dans la matière.

Je te propose d'envisager ce trajet vers toi-même et l'équilibre coeur-esprit-corps comme un itinéraire balisé par des étapes. Ne l'aborde pas comme un obstacle dressé en face de toi, visualise au contraire le chemin qui se trace par portions successives. C'est plus accessible et plus reposant.

1. ÉVALUER LE POINT DE DÉPART

Utilise le système du baromètre intérieur, sur une échelle de 1 à 10, afin d'estimer ta relation à ton corps avant de commencer.

2. DÉFINIR L'OBJECTIF ET LES ÉTAPES

À présent que tu sais d'où tu pars, fixe-toi un objectif et décompose-le en toutes petites avancées. C'est ce que j'appelle la « philosophie du grain de riz ». N'aie pas peur de faire des pas minuscules ! Ne les juge pas ; ce qui compte, c'est que tu chemines en sécurité.

Ton corps est une machine complexe qui s'exprime de manière tout aussi complexe, alors fixe-toi comme ligne de conduite la patience et la bienveillance. Accepte d'y aller progressivement, palier par palier.

3. AGIR

Tout chemin d'évolution ou de guérison passe par une mise en mouvement. Que ce soit pour t'accorder un temps de méditation, relâcher ton jugement ou revoir ton alimentation, l'amélioration de ta relation à ton corps implique que tu agisses. Seulement, comme pour tout, il faut progresser en douceur si l'on veut être sûr de considérer toutes les parts de l'être. Pour cela, je te propose de travailler AVEC tes ressources en présence, et c'est ce nouvel acronyme qui t'accompagnera dans l'action.

> "A" pour **agir.**
> "V" pour **valoriser.**
> "E" pour **explorer.**
> "C" pour **continuer.**

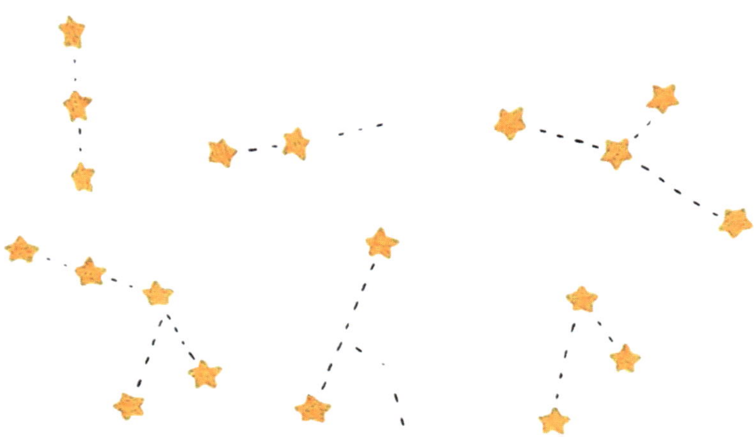

"A" POUR AGIR

Ton corps, pour lequel le mouvement est vital, est le meilleur support de tes agissements. Décide d'actions simples. Peu importe que ta reprise du sport se limite à cinq abdos par jour, ce qui est primordial, c'est de faire, car chaque fois que tu conçois une action, ton cerveau la met en lien avec le ressenti que tu en as. Si tu conçois sans passer à l'acte, il associe cette intention à de l'inconfort ou de la frustration et il ne t'aidera pas à l'accomplir. Alors, quelle que soit l'ampleur de ce que tu envisages, mène ce projet à bien et, pour être sûr d'y parvenir, n'hésite pas à décomposer et à réaliser des choses à petite échelle.

"V" POUR VALORISER

La valorisation, c'est ce qui va te permettre de porter ton attention sur l'aboutissement d'une action. Connecte ton ressenti physique à ton ressenti émotionnel et à la pensée que tu en as, mets-toi à l'écoute du profit que tu tires de cette action : tu ancreras ainsi son bénéfice profondément dans ta chair, du cerveau jusqu'à la cellule en passant par le cœur. Valorise très fort. Par ce biais, ton cerveau assimile action et résultat dans le circuit de la récompense et de la motivation, et t'incite à y retourner.

Chaque réussite t'encouragera à repousser tes limites. Plus tu valoriseras tes actions, plus tu te sentiras vibrer et animer ton corps, et plus tu oseras entreprendre. La valorisation est la clé pour mettre en place un cercle vertueux.

"E" POUR EXPLORER

Si tu as passé un moment déconnecté de ton corps, tu ne sais probablement plus vraiment ce qui est bon pour toi. Tu fais parce que ça doit être fait et en fonction de ton éducation et de l'influence des médias, mais sans trop avoir conscience de tes actes.

Explorer va te permettre de te reconnecter à tes besoins et surtout à ton libre arbitre... Les solutions justes ne vont pas apparaître d'elles-mêmes et certainement pas immédiatement. Il va te falloir tester, observer, ajuster, et c'est ça qui est chouette, tu vas doucement te découvrir et apprendre à te cerner et à t'aimer assez pour affirmer tes choix et tes actions, tout en acceptant les balbutiements et les erreurs.

Autorise-toi à chercher et à expérimenter. Ose être toi-même.

"C" POUR CONTINUER

Il n'y a pas de miracle, le seul moyen d'intégrer, c'est l'entraînement et la répétition – faire inlassablement, jusqu'à ce que cela te devienne naturel.

Parfois, le point de réglage du corps n'est pas le plus juste, même s'il lui procure un certain équilibre. Le meilleur exemple, ce sont tes muscles : ils sont endormis et se montrent douloureux quand tu les sollicites ; c'est que ton organisme est ancré dans une habitude et que tout changement entraîne une modification de son fonctionnement. Déplacer son point d'équilibre vers un état plus sain te demandera de la ténacité.

Je ne te l'ai jamais caché, ce n'est pas un programme magique, c'est une voie d'apprentissage, il te faut trébucher, explorer et découvrir… encore et encore…

4. RÉÉVALUER

Donne-toi le temps de l'expérience et aussi celui d'ancrer les choses en toi et dans ton quotidien, puis au bout de deux mois, réévalue ton degré de bien-être et de satisfaction sur ton baromètre intérieur. Au besoin, effectue les ajustements nécessaires. Tu es en construction, et ce, pour toute la vie, tu as le droit de changer d'avis et de te tromper…

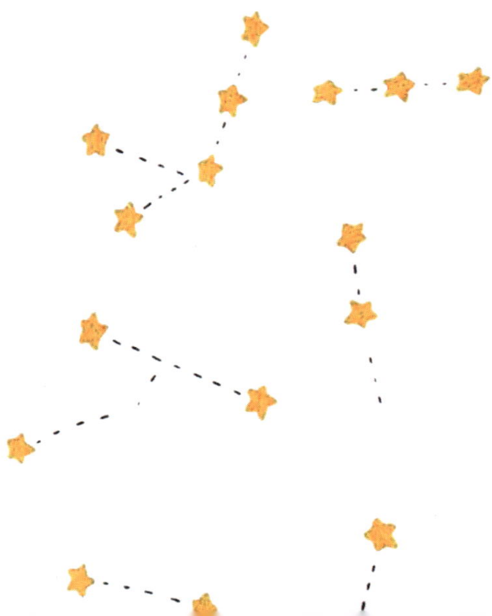

En résumé

Pour agir, fais AVEC.

- **Agir :** engager les actions grain de riz par grain de riz.
- **Valoriser :** valoriser le résultat de chaque action pour nourrir le circuit de la récompense et de la motivation.
- **Explorer :** accepter d'être en chemin, tester, chercher, jusqu'à trouver ce qui est juste pour soi.
- **Continuer :** c'est par l'entraînement et la répétition que les choses s'intègrent.

KIEF

Apaiser ta relation à ce corps qui te maintient en interaction avec ton environnement va nécessiter, pour t'affirmer, d'exprimer nettement tes choix et probablement bousculer tes habitudes, que tu te confrontes à l'opinion d'autrui. N'oublie pas, cependant, que le jugement que nous portons sur l'altérité n'est que le reflet de celui que nous émettons sur nous-mêmes. Ne te formalise donc pas trop de ce que tes interlocuteurs peuvent dire, car ils parlent surtout d'eux.

Si tu veux pouvoir kiffer dans cette appropriation de ton corps, il va te falloir être avec autrui dans une juste mesure pour être avant tout avec toi, c'est-à-dire faire preuve d'assertivité : prendre en compte tes besoins tout en respectant son individualité. Tu peux aisément transposer à ton voisin ce que tu as appris de toi-même, afin de le comprendre un peu mieux lui aussi, dans ses mécanismes et ses comportements. Tu pourras ainsi plus facilement poser tes limites en n'empiétant pas sur les siennes. Concentre-toi sur ce qui t'appartient et laisse-le gérer ce qui est de son ressort.

Avantage ce qui est le mieux pour toi. Oui, ce n'est pas facile ; oui, ce n'est pas évident ; oui, ce n'est pas inné. Très vite, nous nous éloignons de ce qui est bon pour nous parce que, très vite, nous sommes formatés. Cette normalisation va probablement être une entrave ; à partir du moment où tu vas privilégier la cohérence indispensable à ton équilibre et prendre soin de toi et de ton corps, tu vas te heurter aux choix de ton entourage. Pour autant, bien qu'il soit nécessaire de rester ancré dans ce qui est bon pour soi, devenir un ayatollah du bien-être est contre-productif. Tu ne dois pas t'interdire de vivre et de vibrer, veille seulement à doser tes décisions et à stabiliser la balance.

Toute démarche de développement personnel, à quelque niveau qu'elle se place, doit tenir compte de ce principe de réalité. Il s'agit d'une voie de libération de l'être, non d'une nouvelle normalisation.

En fonction de ta situation sociale, affirme ton besoin sans pour autant te priver de ce qui t'apporte du plaisir. Mais ne te laisse pas influencer. Reste à l'écoute de ton corps. Ne perds jamais de vue ce que tu choisis de t'offrir. Questionne toujours.

Ne deviens pas non plus un donneur de leçons. Tu as entrepris un chemin qui t'a permis de trouver équilibre et mesure, ce qui n'est peut-être pas le cas de l'autre à côté de toi. Respecte son évolution, sans jugement. Ne lui impose pas ta vérité, car tu ignores tout de ce qu'il vit. Admets cet état de non-savoir, transmets-lui, si tu le veux, ce que tu as assimilé, et laisse-le apprécier ce qui est juste pour lui.

Prendre en charge ce qui le concerne, c'est t'installer sur son territoire, dans son espace et encombrer ton propre espace, et ça, ce n'est pas reposant... Tu ne peux pas le forcer à accepter tes certitudes, tes désirs, tu peux simplement décider de ce que tu souhaites dans ton espace intime et agir pour toi.

Pour te reposer absolument, il te faut non seulement appliquer pour toi-même tout ce que tu as appris, mais aussi maintenir une juste distance avec autrui.

Le kief, c'est un état de l'être plein d'apaisement intérieur et relationnel, les yeux ouverts. Souvent, tu retombes dans l'agitation parce que tu ne mesures plus le chemin parcouru. Retourne-toi de temps en temps pour regarder d'où tu viens, ce que tu as acquis, et savoure.

L'harmonie repose sur une attention constante, mais flexible. Évalue, questionne, ajuste continuellement, autorise-toi à changer d'avis, laisse-toi vivre. Reste en mouvement, continue d'explorer, d'avancer, d'évoluer. Ne cesse jamais de communiquer avec toi-même. Tout est toujours parfait pour celui qui apprend.

Pose-toi et repose-toi, prends le temps, prends le temps de kiffer !

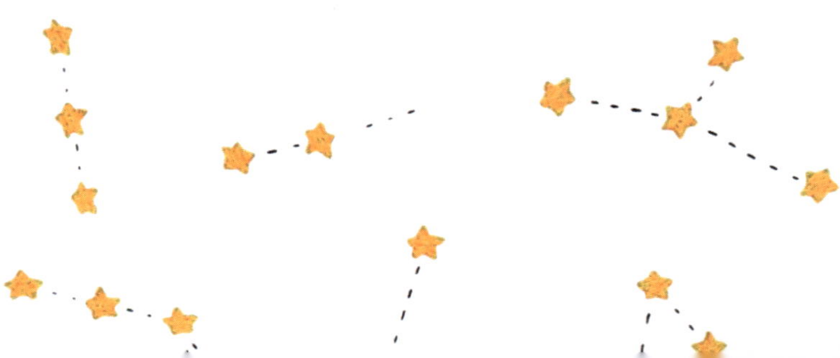

CONCLUSION

Ton corps est probablement l'outil le plus merveilleux dont tu disposes, il n'a de limites que celles que tu lui poses, ce qui te semble inaccessible de ses capacités ne relève que de la croyance que tu émets et des émotions qui te traversent. Regarde autour de toi, depuis les centenaires d'Okinawa jusqu'aux transformations physiques spectaculaires, en passant par les guérisons miraculeuses et les moines méditant par des températures négatives... Le corps est fascinant, il paraît magique et pourtant nous ne le connaissons encore que de façon parcellaire, il n'a pas fini de livrer ses secrets et de nous épater.

Ta sphère physique est ce qui te lie au reste de l'être, la source et le produit. C'est dans ton corps que tout s'unit. Et c'est également lui qui t'unit au reste du monde.

La société dans laquelle nous vivons l'a objetisé et réduit à ses performances, et tu l'as sûrement toi aussi fait, mais tu sais maintenant qu'il est bien plus qu'un objet ou qu'un outil, il est toi, il est ton âme, ton histoire, tes émotions, tes pensées, en somme, ton miroir et ton guide. Tu as désormais le moyen de le rencontrer et de t'ouvrir à tous ses possibles.

Dans le chemin vers soi, une des étapes est d'apprendre à s'aimer, à se respecter et à se valoriser, et souvent, le plus difficile est d'œuvrer à cela dans le corps. Pourtant, c'est là que tout se résume. Attention, tu ne te résumes pas à ton apparence ; cependant, ton image reflète ton état d'être.

La connaissance est une clé véritable et bien souvent la seule. Connais-toi et respecte cette connaissance, tu es fait de structures, de systèmes, tu évolues selon des cycles, tu as des créneaux d'optimalité, des besoins précis... Si tu veux, toi aussi, être dans la meilleure version de toi-même, apprends à te connaître et respecte-toi, la bienveillance envers ton corps et son fonctionnement sera ton guide vers l'équilibre et l'harmonie.

Dans le corps s'expriment le cœur et l'esprit. Écouter le corps, c'est écouter l'ensemble de l'être et créer l'alignement nécessaire pour laisser l'âme s'exprimer et animer la vie physique. Hacker ton corps, c'est transcender la matière comme porteuse et expression du divin. Hacker ton corps, c'est l'animer.

★ Élodie T.

OSE te Déployer

Ose te Déployer, qu'est-ce que c'est ? C'est une voie de développement personnel que j'ai mise au point à mesure de mon propre cheminement et de mon expérience d'accompagnante.

J'ai commencé par le soin énergétique et je me suis vite aperçue que les déséquilibres n'étaient pas résorbés de façon pérenne, et qu'il était nécessaire de réaliser un travail de fond sur la source des symptômes. Tant que leur origine n'est pas traitée, l'être s'exprime en effet sous de multiples voix. Sans avoir le désir de devenir psychologue, j'ai eu envie d'accompagner plus complètement. J'ai donc beaucoup appris et expérimenté pour parvenir à un protocole de travail en trois étapes : prendre conscience, comprendre et se libérer, ce qui ouvre la voie à une quatrième phase, le déploiement de ses possibles.

Ce chemin se fait selon deux piliers essentiels et indissociables : l'apprentissage et l'expérience. « Connais-toi toi-même » et « ose devenir qui tu es » sont les deux mantras sur lesquels repose la méthode Ose te Déployer. Tu dois apprendre, puis expérimenter, pour parvenir à te libérer des entraves ou des dysfonctionnements qui empêchent le déploiement de ton potentiel.

Je suis ainsi, par bien des aspects, une éducatrice thérapeutique, car s'il est une chose que j'ai apprise, c'est qu'il ne réside aucune solution viable qui soit extérieure à soi – tu es la solution, tout est en toi, déjà là, et ne demande qu'à être révélé. Le cœur de mon métier est de te restituer le pouvoir que tu as enfoui en toi, et ce, par la connaissance, car c'est elle qui rend libre : connaître, c'est « naître avec » ; te connaître, c'est renaître à toi-même.

Et c'est ainsi que je vois mon métier : te guider sur un chemin que j'ai moi-même arpenté. Je ne sais pas ce qui est bon et juste pour toi, et ce n'est pas à moi d'en décider. Même si parfois je vois, je sens, c'est ton chemin et tu en es le maître, je ne suis qu'une porteuse de lumière, c'est toi qui progresses. Tu es l'acteur. Le non-savoir et la non-intervention sont précieux pour moi ; je ne détiens aucun pouvoir ni aucune vérité, je te rends simplement ceux dont tu t'es défait, en te transmettant de nombreux outils de compréhension ainsi que des outils pratiques. Le travail avec moi est très proactif. Avec la connaissance vient la responsabilité, c'est à toi et à toi seul qu'il appartient de mener les actions qui te permettront de devenir celui ou celle que tu veux être. J'ai aussi à ma disposition de multiples techniques de soins, que nous explorons en fonction du besoin et de ce qui est là à l'instant de la séance. Je ne travaille que dans le présent.

Ma posture fondamentale est l'accueil et l'amour. La clé, pour moi, est de cesser de combattre et d'aimer. Aime tes blessures et ainsi tu les apaiseras. Il n'est nulle nécessité de changer, il s'agit d'accepter, d'aimer et de réunifier un être qui s'est divisé à mesure de l'histoire ; le chemin est celui de l'acceptation et de l'unification. Tout a sa raison d'être, il faut plonger, avec pour seul souffle l'amour.

Je vois chaque séance comme un acte militant ; je cherche avant tout à démystifier et à désacraliser en t'amenant à plus de conscience et de paix, en te permettant de reprendre en main ton pouvoir personnel et ton pouvoir créateur, je te permets d'être le changement. « Ose te déployer » est d'abord un credo, un hymne. Je ne crois qu'en toi, en moi, en nous. Nous sommes infiniment puissants et nous pouvons tout. Il nous faut juste oser être qui nous sommes, oser nous déployer !

Je suis donc une femme de terrain, et je te retrouverai dans la vie avec joie autour des divers événements que je propose, au cours des projets à venir ou sur les réseaux sociaux : Facebook, Instagram et YouTube @osetedeployer. N'hésite pas à me suivre, à me faire partager ton expérience. Je transmets par bien des voies, depuis la séance à la formation en passant par les livres et le virtuel. Tu trouveras sûrement ce qui te convient si tu veux créer du lien. Toutes les informations sont sur mon site ose-te-deployer.com.

À très vite ! Et n'oublie pas : ose te déployer !

NOTES

1. Aspect (A.) : intrication quantique – paradoxe EPR, https://www.youtube.com/watch?reload=9&v=A1EoFrCJs1s ; Hanson (R.), Shalm (K.),« Des tests sans faille de l'intrication quantique », *Pour la science*, 2019, 504, 52-61.

2. Voir www.cea.fr/comprendre/Pages/matiere-univers/essentiel-sur-la-matiere.aspx.

3. Si on considère le corps comme un amas d'atomes, eux-mêmes en grande partie constitués de « vide ». Sundermier (A.), « 99.9999999 % of Your Body Is Empty Space », www.businessinsider.com.au/physics-atoms-empty-space-2016-9.

4. Descartes (R.), *Discours de la méthode*, 1637.

5. International Human Genome Sequencing Consortium, « Finishing the Euchromatic Sequence of the Human Genome », Nature, 2004, 431, 931-945.

6. Si toutefois tu souhaites approfondir le sujet, tu peux notamment consulter Fiammetti (R.), *Le Langage émotionnel du corps*, Dervy, 2016 (vol. I et II) ; Martel (J.), *Le Grand Dictionnaire des malaises et des maladies*, Éditions Quintessence, 2007 ; Odoul (M.), *L'Harmonie des énergies*, Albin Michel, 2002 et *Dis-moi où tu as mal, je te dirai pourquoi*, Albin Michel, 2018. Ainsi que les sites www.corps.dufouraubin.com/home.htm ; campus.neurochirurgie.fr ; blog.univ-angers.fr ; www.psychomedia.qc.ca ; www.futura-sciences.com et l'atlas d'anatomie humaine Visible Body (www.visiblebody.com/fr).

7. Mesure effectuée en 1992 par Tainio Technology, une division indépendante de l'Eastern Washington University.

8. Fiammetti (R.), *Le Langage émotionnel du corps*, op. cit.

9. Odoul (M.), *Dis-moi où tu as mal, je te dirai pourquoi*, op. cit.

10. Mehrabian (A.), Ferris (S. R.), « Inference of Attitudes from

Nonverbal Communication in Two channels », *Journal of Consulting Psychology*, 1967, 31(3), 248-252 ; Mehrabian (A.), Wiener (M.), « Decoding of Inconsistent Communications », *Journal of Personality and Social Psychology*, 1967, 6(1), 109-114.

11. Weinberg (R. S.), Gould (D.), *Psychologie du sport et de l'activité physique*, Vigot, 1997.

12. Https://www.inserm.fr/information-en-sante/dossiers-information/microbiote-intestinal-flore-intestinale ; https://presse.inserm.fr/linfluence-du-microbiote-intestinal-sur-le-metabolisme-du-tryptophane-et-sur-notre-sante/31709/.

13. Childre (D.), Martin (H.), *L'Intelligence intuitive du cœur*, Éditions Ariane, 2005.

14. Descartes (R.), *Passions de l'âme*, 1649.

15. Https://www.inserm.fr/information-en-sante/dossiers-information/chronobiologie.

16. Https://lecerveau.mcgill.ca/flash/i/i_11/i_11_p/i_11_p_hor/i_11_p_hor.html.

17. Https://www.santemagazine.fr/sante/dossiers/physiologie/chronobiologie-les-bons-rythmes-pour-etre-en-forme-172084.

18. Https://www.sciencesetavenir.fr/sante/sommeil/journee-du-sommeil-combien-d-heures-vous-faut-il-pour-etre-en-forme_18858.

19. Rauchs (G.), Feyers (D.) *et al.*, « Sleep Contributes to the Strengthening of Some Memories Over Others, Depending on Hippocampal Activity at Learning », *Journal of Neuroscience*, 2011, 31(7), 2563-2568.

20. T. (É.), *HACK tes émotions*, Marabout, 2020.

21. T. (É.), *HACK ton mental*, Marabout, 2020.

Achevé d'imprimer par Macrolibros pour le compte
des Éditions Marabout (Hachette Livre)
58, rue Jean Bleuzen, 92178 Vanves Cedex
Dépôt légal : septembre 2020
ISBN : 978-2-501-14423-0
6498351